最高是道德

《孙子兵法》的制胜逻辑

中国财富出版社

图书在版编目（CIP）数据

谋略最高是道德：《孙子兵法》的制胜逻辑/刘家明著.—北京：中国财富出版社，2015.5

ISBN 978-7-5047-5607-7

Ⅰ.①谋… Ⅱ.①刘… Ⅲ.①《孙子兵法》—应用—管理学—通俗读物 Ⅳ.①C93—49

中国版本图书馆CIP数据核字（2015）第055117号

策划编辑	范虹轶	**责任印制**	方朋远
责任编辑	戴海林　吴伊文	**责任校对**	梁　凡

出版发行	中国财富出版社		
社　　址	北京市丰台区南四环西路188号5区20楼	**邮政编码**	100070
电　　话	010-52227568（发行部）		010-52227588转307（总编室）
	010-68589540（读者服务部）		010-52227588转305（质检部）
网　　址	http://www.cfpress.com.cn		
经　　销	新华书店		
印　　刷	北京京都六环印刷厂		
书　　号	ISBN 978-7-5047-5607-7/C·0189		
开　　本	710mm×1000mm　1/16	**版　　次**	2015年5月第1版
印　　张	13.25	**印　　次**	2015年5月第1次印刷
字　　数	160千字	**定　　价**	35.00元

推荐序一

按照“有一千个读者，就有一千个哈姆雷特”的说法，有一千个读者，就有一千种对于《孙子兵法》的理解。但是，这一千种理解不仅存在着角度的差别，恐怕也不能排除层次的差别。其实，层次的差别才是真正的差别。

《孙子兵法》被尊为“兵学圣典”，其作者孙武被尊为“兵圣”，能获得如此尊崇显然殊非易事。如果随随便便一个人，就可以正确解读《孙子兵法》的话，那《孙子兵法》也就没有什么了不起了。然而，《孙子兵法》又的确了不起，否则，古今中外就不会有那么多人对其思想和精神心驰神往、孜孜以求了。但是，要想真正理解《孙子兵法》，首先就需要我们自己得具备作者的境界。让一个小学生去搞明白研究生的学问，总免不了痴人说梦的嫌疑。

过去人经常讲一句话：“大道至简。”很多人都用现代人复杂的思路来琢磨古人，其实古人比我们简单得多。因为古人思想单纯，所以才能够直达事物的本质，这是我们很难想明白的道理。故此，老子才说“大道甚夷而人好径”——大道非常平坦，而人们却偏偏喜欢旁门左道。老子还说“吾言甚易知、甚易行，天下莫能知、莫能行”——我讲的话非常好懂、非常好做，天下人却没有几个能懂、照做的。

由此可见，人类辜负圣哲之心久矣！

《庄子》中有则故事，赵文王痴迷于剑术，因而导致国家衰败，太子请庄子去劝赵王不要一心在剑上。在朝堂，赵王问庄子有什么剑。庄子说：“我有三把剑：一把叫天子之剑，这把剑一旦使用，可以匡正诸侯，使天下人全都归服；一把叫诸侯之剑，这把剑一旦使用，就好像雷霆震慑四境，没有不归服而听从国君号令的；一把叫庶民之剑，斗此剑跟斗鸡没有什么不同，一旦命尽气绝，对于国事就什么用处也没有。如今大王身系社稷，却来使庶民之剑，这显然是犯了大错。”赵王听后十分羞愧，于是三个月不出宫门。以前赵王招揽的剑士们，都在自己的住处自刎而死。

其实，人人原本都具君王之尊，都有一把天子之剑，那就是我们的本有境界和智慧。只是我们自降身份，境界下来了，高超的智慧也就变成了低劣的伎俩，就像天子之剑变成了庶民之剑。

怎样从《孙子兵法》中读出孙武的制胜智慧，并且开发我们的本有智慧？相信《谋略最高是道德》这本书会给你满意的答案。

是为推荐序。

中国第一代著名策划家　何学林

2015 年 1 月

推荐序二

认识刘家明先生是从营销策划开始的，知道他是营销管理方面的专家，之前对他的了解也仅限于此。后来作者找到我，说要给一本书写篇推荐序，一开始不以为然，没把这事放在心上，但当我通读本书书稿之后，才发现作者还真是兵法方面的专家。

阅读本书时，我们可以明显感觉到作者知识结构全面，悟性极高，且乐于分享。这是一本负责任的原创之作，思路清晰，内容给力，很接地气，用通俗朴实的语言，阐述了非同寻常的深刻道理：什么是战略，什么是全胜，为什么道德才是谋略的最高，弱者凭什么以弱胜强，等等。全书通篇没有多余的废话，句句都透露出作者不一般的见解，让读者能从本书中找到很多平时产生困惑的答案，读后如沐春风。

当然，更为难得的是，读者通过本书可以对《孙子兵法》有一个整体上的系统了解，而不是一知半解，只获得一些零碎的兵法知识。本书是一位真正理解兵法精髓的有识之士用心写出来的，作者从兵法制胜的逻辑原点开始，系统生动地阐述了《孙子兵法》的思想体系，特别是对比较优势（势）和绝对优势（形）的理解尤为精彩，体现了作者对兵法的深入思考。因此，在这里我乐意推荐给大家，相信大家读过之后一定会有所收获！

广州市航帆食品有限公司总经理　高建娇
2015 年 1 月

前 言

《孙子兵法》无疑是中国古代最为优秀的经典之一，其受欢迎程度和对后世的影响都不在四书五经之下，不仅研究学习者众多，其研究文章及专著也甚众，但不可否认的是，翻开所有谈《孙子兵法》的书籍，要么是以串解文字加上案例说明的方式行文，要么是以“六经注我”的方式论述，把自己的人生经验往里面套，讲了千遍万遍，仍旧让人不得要领，不得要领自然也就谈不上灵活应用。

北京大学的一位教授曾提到，自己看过关于《孙子兵法》的书籍无数，但大多数都是无用的，大概就是因为大部分书籍让人看过之后，仍不能让人把握其实质，它们只是对《孙子兵法》的零散式观照，而并未对其思想体系做系统性的梳理。

当然，期间也确实有很多学者，对《孙子兵法》的核心思想及结构都做了大量的研究，比如杜牧认为，“武之所论，大约用仁义，使机权也”，他首次从整体上对《孙子兵法》的思想进行观照，这无疑是《孙子兵法》研究历史上一个质的飞跃！

当然，也有些学者试图从《孙子兵法》的结构本身来解读《孙子兵法》，对《孙子兵法》十三篇进行了结构剖析，有些人甚至以图表的方式来表现，取得了一些非常有价值的成果，但是拘泥于文本结构本身去研究《孙子兵法》的思想结构，其局限性也显而易见，仍无法梳理出令人信服的、能统领《孙子兵法》思想核心及其核心之下的思想体系。

另外，有些研究者则以西方的一些管理工具去解构，画虎不成反类犬，名曰谈《孙子兵法》，实则还是在贩卖西方的管理技术。实践中，有些专家对《孙子兵法》的制胜方法做了一些总结性的研究，归纳出了十几条制胜原则，但是，原则多了，更是迷惑，实践中更是难应用。因此，有人称《孙子兵法》的思想结构至今仍然是个谜。

为此，本书的目的就是要把这个谜解开，要让人能对《孙子兵法》的思想有一个本质上的理解，而非仅仅是学习其一招半式，且不再被《孙子兵法》字字珠玑的文字所迷惑，也不再被那些原则搞得头晕目眩，而是让人能够学有所得、学后能用。

因此，本书不讲训诂，也不串解文字，而是直入《孙子兵法》要旨，直接阐述《孙子兵法》制胜的根本原则，并在这一根本原则的基础上，阐述战争制胜的方法。从这一原则出发，我们不仅可以解释孙子为什么主张这样，而不主张那样，为什么“置之死地而后生”此时可以，而彼时却不能等问题，而且我们还可以在这一战争制胜根本原则的指引下，创造出众多新的制胜方法和原则。

最后大家可以看出，其实《孙子兵法》就是一部以全胜为目标，以谋取有利形势为中心，以知彼知己、因利制权为方法，以道、天、地、将、法为谋划内容的竞争制胜方法论。可以毫不夸张地说，《孙子兵法》的所有主张、策略及方法，众多变幻莫测的诡道都是为了谋求彼虚我实之势，最后实现“全胜”而展开，凡是能形成彼虚我实之势的策略就可用，反之则不能。

当然，对于学习和实践者来说，最惧怕的就是被千变万化的现象所迷惑。现象可以变化万千，而本质只有一个，我们要的就是提其纲、挈其领，把握其本质，最后再结合《孙子兵法》原文，学习和思考那些细枝末节，这样就能提纲挈领、一通俱通了，如此也就达到写作本书之目的了。不然，本书也是徒增一堆废纸而已，这是我不想要的，也是不愿意去做的！

作 者
2015 年 1 月

目　录

第一篇

背景——难解的谜题

以前没有接触《孙子兵法》的时候，总觉得《孙子兵法》很神秘，尤其是军事古装剧里面的那些高人，还有电视上把兵法讲得高深莫测的那些牛人，真让人觉得有能耐、有智慧，于是心向往之，觉得自己就应该做那样的高人、牛人。于是在多年前的某一天，自己竟然真的也开始琢磨起兵法来了，更没想到的是从此一发不可收拾，竟迷上了这玩意儿，久而久之，还真发现自己俨然也成了小专家。多年来，《孙子兵法》成了我的最爱，它没有道家的玄谈，也没有法家的冷酷，更没有儒家的说教，但在极其务实之中又蕴含着儒、道、法的精神，看似言兵，但却为我们揭开了如何成事的普遍真理！

一般人眼中的兵法

当我们提起《孙子兵法》的时候，对于我们大多数人来说，首先给我们的感觉就是，既觉得它离我们很近、很熟悉，同时又感觉它离我们很远、很陌生。

感觉熟悉，大概是因为谈《孙子兵法》的人很多，学习《孙子兵法》的人也不少，在工作和生活中耳濡目染，久而久之，虽说未必真正看过，但在脑海里，一定知道在中国的古代典籍里有《孙子兵法》这么一本书，因为《孙子兵法》实在是太有名了，说它是妇孺皆知也并不为过，不仅我们中国人在研究，其他世界各地的外国友人也在学，并且还受到了古今中外各行各业的众多知名人士推崇。

如曹操说，“吾观兵书战策多矣，孙武所著深矣”，认为《孙子兵法》是他看过的最有深度的一本兵书；著名历史学家任继愈教授也对《孙子兵法》很是推崇，他说：“《孙子》在全世界只有这么一家，还没有听说世界哪一种著作像《孙子》这样深刻，本质讲得这么透，一直到现在还有极强的生命力。”

《孙子兵法》在外国也很受欢迎，如日本的著名企业家松下幸之助就很是推崇，他说：“中国古代先哲孙子，是天下第一神灵，我公司职员必须顶礼膜拜，认真背诵，灵活运用，公司才能兴旺发达。”而蒙哥马利甚至认为“世界上所有的军事学院都应该把《孙子兵法》列为必修课程”。

正是因为受到了那么多人的喜爱，《孙子兵法》也因此成了唯一一本受到《财富》杂志推荐为“全球商业人士必读书目”的中文书籍，且被美国列为军校的必读书目，也正因为如此，历经千年岁月洗礼的《孙子兵法》，我们今天依然还会觉得它非常熟悉，因此，妇孺皆知也是自然而然的事情。

而感觉它陌生，首先是因为事实上对于我们大多数人来说，都没真正去读过，所以一提《孙子兵法》，大家的第一反应就是计谋，很多人甚至把《孙子兵法》与三十六计等同混淆起来，认为《孙子兵法》就是三十六计，三十六计就是《孙子兵法》，并且认为《孙子兵法》无非就是讲些阴谋诡计、如何神机妙算之类的东西，至于里面真的讲了些什么，一般人其实都不了解。因此，《孙子兵法》也就成了名副其实的、只放在书架上做收藏之用的“典籍”了。

没有真正去读，其中自然有语言障碍等方面的问题。有些读者文言基础稍微差一些，看到文言就头晕，所以没有耐心去读；没有读进去，自然也就无从知道里面讲些什么，好与不好，值或不值得读。

其次，没有去读也有观念上的问题，有些人认为，时代在变，那些古董已经不适用了，我又不去打仗，学那些东西没有用，甚至连看都没看，就直接否定《孙子兵法》的价值，因此并未引起大家的重视，大家也不愿花心思去学。不然，为何洋人的东西，大家都要拼命去学，从小孩开始就讲什么双语教学，我们民族固有的东西却遭到冷落，原因就在于观念问题，因为在大家眼里，洋人的什么东西都好，连情人节都似乎是洋人的情人节过起来更有情调一些。不过话又说回来，学洋人其实也没什么不好的，只是我们太多的人，不知道自己抱着金碗讨饭吃，学洋人的东西，又学不到人家的精髓，而我们自己固有的好东西，却大部分都被日本人抱去了。无论是《孙子兵法》，还是儒道释的学问，似乎都是等日本人学去应用之后，别人用得好时，我们才发现其实自己家里就有好家伙，又何必一定要去洋人那里讨碗饭吃呢。

比如，佛家的学问，中国学佛信佛的不计其数，但有谁如同日本的稻盛和夫那样，把佛的学问引进到企业管理中去，而且应用得如鱼得水，一生创立两个世界五百强，连拥有深厚管理经验的西方人也得另眼相看。因此有人评论说，在20世纪，搞管理的一直在学习德鲁克，而21世纪却得学稻盛和夫了，这是不是预示着中华文化的复兴呢？我们中国人在膜拜西方管理技术的同时，是不是要反思一下，儒道释等古人的智慧，真的就比不过洋人的管理技术吗？家里的东西都学不来，我们哪有工夫去学西洋！自己没重视，到头玩起《孙子兵法》来，外国人比我们还厉害，这是一件多么令人悲哀的事啊。说起来这绝不是夸大其词，危言耸听，曾经看过一篇网上很流行的文章，标题是《王财贵博士北师大演讲儿童读经教育》，里面王财贵博士提到自己的亲身经历。

我刚到美国的时候，美国的同学非常好学，他看到中国人就很高兴："啊，你从中国来，我听说中国有一本书叫《易经》，很有名，《易经》讲些什么？你是中国人，快好好告诉我！"结果中国学生回答了些什么？"对不起，我也没有读过……""那你们中国有一本《老子》讲些什么？""对不起，我也没有读过……""你们是礼仪之邦，你们《礼记》讲些什么？""对不起，我没有读过……"

“你们孔子说‘诗三百，一言以蔽之，曰：思无邪’，《诗经》美在哪里?”“对不起，我不知道……”“你们是有历史的民族，你们第一本史书叫《春秋》，还有《左传》，再有《史记》也很有名，什么叫《春秋》《左传》，关公为什么要看《春秋》?”“我不知道……”“《离骚》文学价值很高，那个作者还要去跳河，请问他为什么要去跳河?”“我不知道……”“《世说新语》宋明理学家为什么要辩论?”“不知道……”“那么你们有一本书叫作《唐诗三百首》?”“哦，我读过两句，春眠不觉晓，处处闻啼鸟……”

走出国门，关于中国的东西反被外国人问倒，确实是一件让人羞愧的事情，可能自己还会觉得自己是个中国人，理应熟悉自己的国家，但事实上却不如一个外国人真正了解中国。

当然，没有去读书的原因有很多，尤其是在这物欲横流，一切向钱看的社会环境里，要让人静下心来读书也确实是有点勉为其难。虽然在信息发达的社会里，要读书很简单，有钱没钱都容易办到，但生活压力大，大家都要忙着去赚钱，以机会成本计，读书其实也是一件无比奢侈的事情。总之，种种原因让《孙子兵法》离我们越来越远!

少则得，多则惑

上面提到过，语言问题是我们学习《孙子兵法》的一大障碍，但事实上，个人觉得语言问题还不是最大的问题，若以为文言一翻译成白话，大家就都能明白了，其实这是一种莫大的误解。实际上有些经典根本无法翻译，就是可以翻译，也不一定就可以把握其要领。翻译仅仅是语言关，而通过语言去把握其思想实质才是难上加难，把《孙子兵法》翻译成大家都能读懂的大白话，是不是就能让所有人都读懂呢？事实上完全不是那么回事，书店里、图书馆里，有太多翻译版的《孙子兵法》，并且还有丰富的案例说明的书了，大家看过之后，是否会觉得自己就读懂了《孙子兵法》了呢？恰恰相反，我们读过之后，其实仍是云里雾里，至多也就懂得了文句的表面意思罢了，而其背后的逻辑和要领，我们还是不得而知。

因此，专家们就有用武之地了，为了能让更多的读者真正读懂和应用《孙子兵法》，充分利用古人的智慧为现代人的生活和工作服务，一批又一批的专家学者们对《孙子兵法》都进行了前赴后继的深入研究和探索，只是有些专家或是侧重于《孙子兵法》本身的历史文献考据，或是侧重于《孙子兵法》的文字校勘和注释，但更多的专家都把重点放在思想内容本身，试图去归纳《孙子兵法》中的重要原则，好让我们一般读者能方便地去学习和掌握。

比如于汝波少将在其编写的《孙子兵法研究史》里面就总结了一些战略战术原则：如先知原则、先胜原则、全胜原则、致人原则、突袭原则、奇胜原则、击虚原则、任势原则、善守原则等。

除此之外，于长滨教授甚至归纳出了近四十种兵法原则，他说，“我个人认为《孙子兵法》当中这么多著名的原则，我在2006年写了一本书叫《兵法三段论》获得国家出版署的原创出版奖，在这个书里面一共提了40项原则，如自保求全胜、避实击虚、庙算、因敌制胜、出奇制胜、主动、知彼知己、趋利避害等原则，都是我们离不开的，有了这些原则，我们再看这个世界，再看眼前剧烈的市场变化，为了理解这个变化，拿出我们的原则是非常有帮助的。”

毋庸置疑，专家们归纳这些制胜原则，为我们学习和应用《孙子兵法》提供了方便之门，功不可没，然而，有着懒惰本性的我们不禁要问，能不能不要那么多原则呢，就留下一条原则可不可以？一条原则既好记忆又好应用，万一临时怯场，也不至于不知应用哪条啊。

这似乎是在开玩笑，但事实上也是如此，古人说，“法苟当理，不俟多端”，好比法律，真正到位了，哪里需要那么多条文，就是因为没抓住问题的关键，所以才需要这规定那规定，法律条文多，并不代表法制就健全，就做得好，恰恰相反，那些看似没规定什么，就那几条，但却滴水不漏，那才叫上乘功夫。企业里也一样，不是制度越多就代表管理水平越高，那么多制度，到头来连制定制度的人，都不知道自己以前规定了什么，谈什么执行？

总之一句话，少则得，多则惑，原则多了，就等于没有原则，在众多原则面前，我们仍是不得要领，无所适从。

难解的谜题

某大学的教授在一个非正式场合时说：“讲《孙子兵法》的书，我看得多了，但大多数都是无用的。”他的意思大概也就是上面所说的，大多数谈《孙子兵法》的书要么只是解释字面意思，要么就是翻译加案例说明，稍微深入一点的也是以“六经注我”的方式，把自己的思想和经验往《孙子兵法》里面去套，不管以什么方式行文，但都没有真正把《孙子兵法》的核心要旨揭发出来。

其后，北大的李零教授又写了本书，书名叫作《唯一的规则》，指出“唯一的规则，就是没有规则”。常言道，一切都在变，而唯一不变的就是变化，李教授这本书的核心观点也就是这个意思，即《孙子兵法》中的“道”没有固定的模式，无章可循，全靠随机应变。用《孙子兵法》本身的话来讲就是“兵以诈立”“兵家之胜，不可先传”，李教授旁征博引，深入浅出，讲得非常有道理，似乎是把《孙子兵法》的根本原则找出来了。然而，细想之下，这于我们掌握和应用《孙子兵法》有多大用处呢，本来我们还想认真学习一下的，被李教授这么一说，让我们更迷糊了，既然无规则，一切都在变化，且无章可循，全靠随机应变，如此说来，时间宝贵，我们还有学习的必要吗？还是抓紧时间赚钱去吧。

然而，到底有没有不变的，且又不是李教授所说的那种变化多端，让人捉摸不透，无法掌握的制胜原则呢？

我个人认为，按理说是应该有的，学易经的人都知道，易有三种含义：一为变易，二为不易，三为简易。大概李教授所讲的，唯一规则就是无规则，指的就是变易，兵无常势，水无常形，法无定法，方法都是千变万化的，哪里有放之四海而皆准的制胜秘诀呢？李教授那本书也就是这个意思，毋庸置疑，这肯定是不会错的！

然而，说一切都在变，唯一不变的就是变化，不就等于说不易者即为变易吗，既然不易就是变易，干吗要把不易与变易两者分开来说，就说一个变易或不易不就解决了吗？因此，笔者认定，不易并不是变易，而是另有所指的，且看地球每时每刻都在转，即时刻都在变化。但是，变化的背后还是有规律的，还是有不易的东西的，所谓万变不离其宗，围绕太阳转的规律是亘古不变的！

下面我们把话题转回来，那对于作战来讲，变易是指取得胜利的方法可以千变万化，没有固定的模式可遵循。《孙子兵法·计篇》上说，“攻其不备，出其不意，此兵家之胜，不可先传也”，也就是说，别人是无法事先就把制胜的方法告诉你的，其实别说别人，连他自己都无法事先知道的，一切都要靠临时的随机应变，因地制宜，因敌制胜，这就是变易。

然而，于作战讲，不易的东西又是什么呢？如果我们把它找出来，不就是《孙子兵法》的根本所在吗？找出来之后，一方面不会像变易无规则一样，让人无所适从；另一方面有了根本原则，把这一不变作为“归宗”，我们自己才可以去变化啊，万变而不离这一根本，否则，变化不就成了乱变吗？

事实上，凡是认真读过《孙子兵法》的人，我相信都会有意无意地去寻找那个“不变”的东西，也就是制胜的根本原则，有人把它称之为《孙子兵法》的精髓。然而，大多人终究没有找出来，即使有找出来的人，但每个人找出来的东西又各不相同，比如有人说《孙子兵法》的精髓在“变”，有人说在“全”，有人说在“知”，有人说在“胜”，众说纷纭，不一而足。

当然，仁者见仁，智者见智，不同的人看待事物必定存在不同的角度，因此得出不同的结论也是难免的，但不管是什么结论，能够把《孙子兵法》的思想体系梳理清楚，能自圆其说，解释为什么这样而不那样，就能成一家之言，不管是谁的观点，都值得大家去学习和参考。

如马骏教授所说，“孙子所追求的最高军事理想境界可以用四个字来概括：知、全、先、善”，“以求‘知’为起点，通过求‘先’与求‘全’的手段，最后达到求‘善’的最高军事理想境界”，各家观点似乎都讲得通。但是，为什么会有那么多的不同观点，得出的这些范畴或概念之间，又有什么逻辑关系，终究没人去说清楚。或许已经有很多学者，事实上是早已知道谜底，或早已抓住了《孙子兵法》的本质，只是没有或不愿把它揭破而已，且有人还甚至故意要把《孙子兵法》神秘化，玄虚化，弄得好像里面还真有什么传世秘诀一般。但事实上，在我看来《孙子兵法》的道理其实很简单，真正的秘诀就是无秘诀，而我要做的也仅仅是要捅破那层纸罢了！

三大毛病

既然专家们没有揭破《孙子兵法》的本质，求人不如求己，我们还不如自身去体悟，得出我们自己的理解和结论。然而，对于我们大多数人来说，为什么有些人研究了几十年都还没把《孙子兵法》的核心要旨找出来，把它真正读通，还是云里雾里，一知半解。这方面的原因，笔者觉得，除了语言上的问题，连字面意思都没弄懂的原因外，据笔者观察，我们有些兵法爱好者，在读《孙子兵法》的时候，大概还存在以下几大毛病或误区。

第一个毛病是拘执于文字。有些读者在读《孙子兵法》的时候，太拘执于文本本身了，尤其是初学者，总是把注意力集中在研究个别字词句的含义等细节上，在发现某个疑难字不认识或不清楚意思的时候，就翻箱倒柜找资料，誓要弄个明白。当然，弄清楚什么意思没什么不对，但过于陷进去了，就等于在搞训诂了，而不是学《孙子兵法》的思想了；实际上个别字词是什么意思，于我们学习有什么大关系呢？中学学英语的时候，阅读文章，发现某一单词不认识，我们常常的做法就是，直接跳过去，先不管它什么含义，等通篇阅读完后，我们自然也就明白什么意思了，即使是画个圈，我们也知道这个圈大概代表什么意思。其实读《孙子兵法》也一样，何必因为个别字句不明白，而影响全篇的理解呢。但在实践中，也许是我们的读者太认真了，很多学习《孙子兵法》的读者，都陷进研究字词意思的死胡同里去了，而字词实际上就是一口井，跳进去了，《孙子兵法》的天就变小了，此时，你读到的《孙子兵法》就已经不是全貌了，如同盲人摸象一般，你只摸到了大象的耳朵或鼻子，而大象真正是什么样子，你是无从知晓的。事实上，窝在山脚下的小坑里，是绝对不会有“山高我为峰”“一览众山小”的全局观产生的，同理，拘执于文本本身，怎么可能对《孙子兵法》有比较宏观的把握，也就谈不上领会书中的核心要旨了。

第二个毛病是拘执于结构。我们说，《孙子兵法》的结构和思想体系，至今仍然是个谜，并不是说《孙子兵法》的篇章结构本身就有非常之意义。但是，我们有些学习《孙子兵法》的人甚至也像研究《周易》六十四卦卦序一样，认为《孙子兵法》的文本段落安排定有深意，把自己的思维束缚在文本的结果框架中，拔不出来，追究计篇安排在首是为什么，虚实篇安排在中间又是为什么，用间篇安排在后面又是为什么等等；而有些读过 MBA（工商管理硕士）、受过西方管理学教育的朋友，读过《孙子兵法》后也觉得不错，也试图用西方的一些管理工具往《孙子兵法》里面去套，往往也只能触及表面，知其皮毛而已。

事实上，在我看来，《孙子兵法》也仅仅是孙武写的一篇给吴王的求职信而已。据专家考证，本来《孙子兵法》并不只是 6000 言，还有很丰富的内容，但后来被曹操删繁就简编订成现在的这个样子，如此一来，对于已不是原样的东西，拘执于文本的篇章结构去探索它们的逻辑关系及深意，还有什么意义和可信度可言？

第三个毛病就是拘执于大师。笔者这里所指的大师，当然不仅是现在的大学专家教授了，而是孙武本身。孙武是兵法中的大师，那是当之无愧，大家都认同的，正因为孙武是世人景仰的大师，因此，我们看他的时候，都是头仰着的，认为孙武肯定高深莫测，他的制胜方法肯定没那么简单，他的《孙子兵法》里肯定有兵法制胜的秘诀。而正是在这种观念的左右下，我们大多数人被《孙子兵法》本身的字字珠玑给迷惑住了，从而停止了对其背后最简单问题的思考，就如同数学教授问学生 1 +1 等于多少，而学生却没有勇气回答一样。在孙武和《孙子兵法》面前，我们大多数人丧失了确信 1 +1 =2 的勇气，也不敢相信和确认制胜之道其实很简单，总以为《孙子兵法》里面一定有高难度的制胜宝典，问题没我们想象的那么简单，要不然，如果孙武的胜利之道，跟我们大家想的都一样，与平常生活的朴素道理都没什么不同，还能称之为兵圣吗？

但事实上，用兵制胜的道理和原则的确是很简单的。

为了能够不被表面现象所迷惑，我们不妨把读《孙子兵法》当成是玩思维游戏，把复杂的问题简单化，在剖析完《孙子兵法》思想体系，弄清它的制胜逻辑，在对《孙子兵法》有一个整体把握之后，再来丰富其羽翼，最后再来谈具体的应用，这样或许更能让我们把握其根本，况且也只有把握了其根本，才能谈得上真正的应用，否则都是摘章引句式的支离破碎地谈应用，只见树木不见森林，知其然不知其所以然!

第二篇

探寻——胜败之机 在于虚实

上面我们已经谈到，过于拘执于大师，有时候会让我们丧失确信“1+1=2”的勇气，产生思考停滞的负面效果。既然如此，我们为何不暂且撇开《孙子兵法》不谈，先从生活中最简单的道理入手，然后再来思考兵法的制胜之道，从而避免无谓的拘执，把简单的问题复杂化，把平常的问题高深化。下面我们先一起来看看田忌赛马的故事。

从田忌赛马的故事悟兵法制胜之道

田忌赛马的故事，相信大家都很熟悉，现在小学课本好像也摘录了这一段。故事本是出自《史记·孙子吴起列传》，这里的孙子当然不仅是孙武，还包括他的后代孙膑，而田忌赛马的故事正是讲孙膑的智谋故事的。

孙膑原本是齐国人，与庞涓同为鬼谷子王禅的学生，后来庞涓在魏国做了大将军，因此孙膑从鬼谷下山之后，就去投靠了庞涓，并憧憬着与老同学一起来建功立业。没想到的是，庞涓对孙膑的才华甚是嫉妒，害怕孙膑威胁到自己的位置，因此暗中设法陷害孙膑，使孙膑受了髌刑，膝盖都被挖了，孙膑生不如死，度日如年。

就在这时，齐国一使者来到了魏国，孙膑私下与齐国的使者见了面，交谈之后，使者为孙膑的言辞所打动，因此偷偷地把孙膑放在马车上带回了齐国，而齐国的大将田忌一见孙膑，就非常喜欢，并且以上宾之礼来待他。

田忌将军是一个喜欢赛马的人，多次与齐威王及诸公子等赛马，并商量好，各自双方的马分成上，中，下三等。比赛的时候，以上等马对上等马，中等马对中等马，下等马对下等马，由于齐威王每个等级的马都比田忌的马要强那么一点，所以比赛几次，田忌就失败几次，很是扫兴。细心的孙膑观察了一下，发现双方的马其实相差不了多少，于是就对田忌将军说：“将军，你可以重重地下注，我有办法让您取得胜利。”田忌将信将疑，但最后还是同意了，并下了重重的赌注，齐威王心里暗暗偷笑。

就要开始比赛了，孙膑对田忌将军说：“让您的下等马与齐王的上等马比第一局，让您的上等马与齐王的中等马比第二局，让您的中等马与齐王的下等马比第三局。”就这样赛了三局，田忌一败两胜，获得了比赛的全局胜利。孙膑也因此而名声大震，被齐王拜为军师。

在这则故事里，我们知道了孙膑利用自己的智谋，在没有调换马的前提下，仅仅调整了一下出场的次序，就帮助田忌将军取得了胜利。对孙膑的奇思妙想，我们是佩服之至，不愧是一代兵法大师。因此，在学习孙膑取胜的故事时，我们也在挖尽心思，想学到孙膑那种反常规的思维，出人意料的妙想，学过之后，也确实是给我们很多人带来了无穷的启示，如要先谋划，再战斗，又如要舍卒保车，舍局部顾大局……

然而，令人遗憾的是，我们大多数人都陷入了这个追求奇招怪诀的不归路中去了，而对其故事背后更为普通，更为平常，又更为铁定的法则却忽略了。同样，我也宁愿相信我们大多数的老师，在给学生讲这篇短文的时候，都会侧重强调孙膑的聪明才智，强调策略的安排，要我们的学生好好学习，训练自己的思维，但是却忘记了让学生对背后那个更为平淡，毫不起眼的，但又更是铁定的法则的思考，说到这里，读者不禁要问，这平常的而又铁定的法则到底是什么呢？

答案就是：上等马赛过中等马，中等马赛过下等马，而下等马怎么也无法赛过上等马（见图 1），也就是说，强壮的胜过弱小的，力气大的胜过力气小的，这是铁的法则，要取的胜利，就必须用力气大的去对抗力气小的，不管您是谁，任何人都无法超越这一铁的法则，即使是有孙膑这样雄才大略奇思妙想的人也一样。以自己的下等马对抗齐王的上等马，你就得输，以自己的上等马对抗齐王的下等马，你就能赢，这条法则不因你的才华智谋而改变。

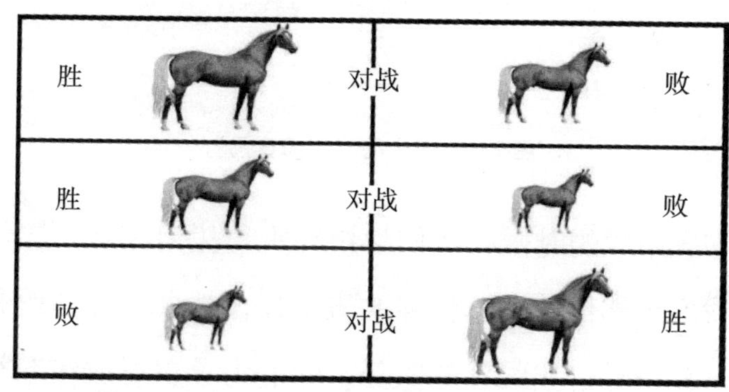

图 1　孙膑的赛马制胜策略

这就是规律，规律无法改变，任何人在这条规律面前，都没有商量的余地。既然强胜弱，大胜小这一规律无法改变，那么，孙膑所做的一切，无非也就是遵循这一规律并加以利用罢了。因此，我们说，光知道孙膑做了什么，是如何做的，其实是远远不够的，我们还要知道他为什么那么做才能学到本质。

事实上，生活中太多类似的例子了。我们看拔河比赛，胜利的一方为什么能胜？答曰：绳子那端的力量大是也；大胖子与瘦小子坐跷跷板，为什么大胖子能把瘦小子挺得老高？答曰：大胖子比瘦小子重是也；大力士与小女生掰手腕，为什么大力士能赢？答曰：大力士力气大是也……这些看似平常的生活，却蕴含着不平凡的真理。

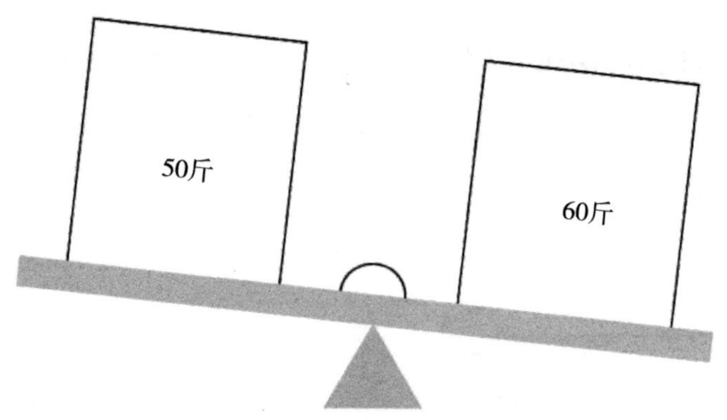

图2　生活中的“田忌赛马”

记得在念中学的时候，我们学校经常搞拔河比赛，在每一次的比赛前，我们班那位荣誉感极强的班主任，都会为我们作充分的准备和动员。首先是选拔强壮的队员，他们为了赢得班级荣誉，基本上每次都要上阵，而女生基本上没有上战场的机会。当然，女生也并非就没有任务了，女生的任务就是组成拉拉队，赛时为男生们呐喊助威，且每次取得胜利，拉拉队也是功不可没的。在选好队员之后，班主任还要组织队员进行模拟训练，训练大家互相协作的能力。拔河看似很简单的体育运动，但其中还是有很多技巧的，比如赛时一起喊口号，集中用力与分散用力的效果就有天壤之别，而且赛前进行训练和有教练进行技术指导是必不可少的。除此之外，临赛时，队员们还要进行热身，并且由班主任为大家做临战动员，鼓舞士气……有了这些准备，我们班在每一次的比赛中都是名列前茅。那时大家都弄不明白，班主任为什么要那么多强壮队员，为什么要拉拉队，为什么要动员，为什么要训练，为什么我们准备了一下就能胜，别的班没什么准备就要败？拔河比赛到底比的是什么？很多做法，大家只是懵懵懂懂，感觉就应该那么做而已，但却怎么也说不出为什么要那么做。

现在回头来想，当我们从田忌赛马的故事中，悟出强胜弱、大胜小、重胜轻这一铁的规律之后，我们才茅塞顿开，拔河拔的不就是力气吗？而且我们所做的一切，不就是让绳子的这一端力气比对方要大吗？而力气的大小与人数的多少有关，与人员的强弱有关，与用力的一致性有关，与人员当时是否怀着必胜的心态有关，与人员的拔河技术有关，与地理位置有关，等等。那么多有关的因素，有些是硬性的，比如人员的数量较多，直接就是力量的体现；有些是软性的，比如集体荣誉感、想获得胜利的欲望、训练的程度、地理位置的优劣等，虽然不是力气本身，但是它们却可以转化为力气。大家都想获得胜利，那么人的潜能就能得到充分发挥，无论是硬性的因素，还是软性的因素，最终都集中在一点，那就是让绳子这端的力量尽可能地大，要超过对方，我们才有胜利的可能。

由此我们可以得出结论：在铁的规律面前，要在较量中能战胜对方，除了比别人强壮，力气比别人大，比别人跑得快，还能有什么办法呢？

如同水一定是从上往下流，没人改变得了一样，重的东西一定要压过轻的东西，力量大的东西一定要胜过力量小的东西，实力强的部队一定要胜过实力弱的部队，这是铁定的法则，谁能违抗？道理就这么简单，然而，这世间的道理就那样，看似简单就不简单，看似平淡其实就不平淡，兵法制胜的根本之道就在这毫不起眼的简单现象里。

既然大胜小，重胜轻，实力强胜过实力弱，这是铁的法则。那么，要打败敌人，我们就得像孙膑遵循这一法则然后再进行谋划一样，首先便是要遵循铁的法则，用自己的强势部队去攻打敌人的弱势部队，用士气高的部队去打士气低的部队，用人数多的部队去攻击人数少的部队……

总之，用自己的"石头"去攻打敌人的"鸡蛋"，这就是兵法制胜的根本之道。

当然，用石头去打鸡蛋是我们通俗的说法，而换成专业的军事术语来说就是——以实击虚。好比孙膑以上等马对中等马，以中等马对下等马就是以实击虚，而以下等马对上等马就是以卵击石，以虚击实了。

说到这里，不知读者是否还能想起，上节我们谈到的，周易之易有三个意思，一是不易，二是变易，三是简易，并且我们还谈到，如果我们把那个"不易"的东西找出来，就可以说找到了兵法制胜的根本原则。

既然我们从田忌赛马的故事中得出，"强胜弱，大胜小"，换成军事术语"实胜虚"是任何人无法改变的铁的法则，那么，我们想要的那个"不变"的东西，不就是现在我们讲的这个"以实击虚"吗？而那些热身、训练、动员、喊口号、拉拉队等千变万化的方法，不就是专家们总结出来的那些应该遵循的原则吗？真是踏破铁鞋无觅处，得来全不费功夫。

从上面的分析，我们可以得出，“以实击虚”就是兵法制胜的根本原则，就是我们苦思冥想的那个“不变”的法则。当然，这个法则是我们暂且撇开《孙子兵法》，摆脱前人桎梏的方式找到的，是我们自己从田忌赛马的故事中悟出来的，是从平常生活中的现象总结出来的。至于《孙子兵法》所蕴含的精神是不是那样，我们在后面会一篇一篇地去验证，这里笔者想提出来的是，实际上，我们所讲的力气大胜过力气小、重的胜过轻的以及“以实击虚”的原则，在《孙子兵法》里是可以找到原话的，如图3所示：

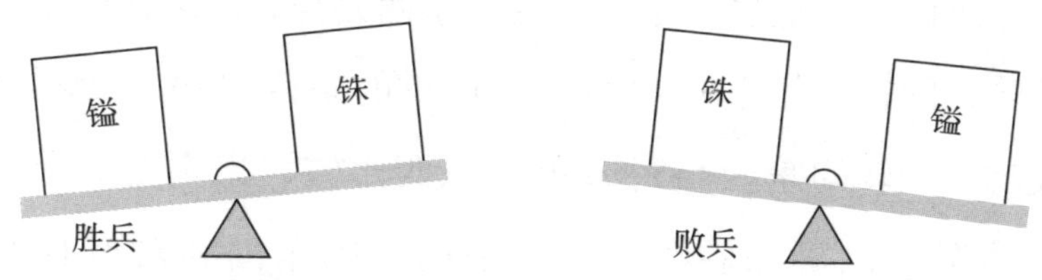

故胜兵若以镒称铢，败兵若以铢称镒——《孙子兵法·军形》

图3　《孙子兵法·军形》一句图解

这句话里面有两个生僻字——镒和铢，至于镒和铢到底是什么东西，我们这里不必去细究，知道镒是重的，铢是轻的，类似于秤砣或砝码之类的东西就可以了。这句话的整个意思就是，打胜仗的部队，就好像拿镒去跟别人的铢在天平里面过称，打败仗的部队，就是好像拿铢与别人的镒去拼，就那么简单。

我们细想一下，这句话的意思跟我们上面所说的意思不是一样吗，大胖子与瘦小子坐跷跷板，为什么能把瘦小子挺得老高（胜），就是因为大胖子比瘦小子重是也。因此，胜兵就像用重的东西去与轻的东西比一样，在天平里肯定要压过轻的东西，败兵则反之，类比过来，那就是胜兵绝对是用实力强的部队去攻击对方实力弱的部队，即以实击虚，败兵则是用实力弱的部队去攻击敌人实力强的地方，胜败之道就这么简单。

为了说明道理，古人很善于用比喻，事实上，不仅《孙子兵法》里用重量的比较来比喻胜败，另一本兵书《司马法·严位》中也有类似的话：

以轻行轻则危，以重行重则无功，以轻行重则败，以重行轻则战！

翻译成白话的意思就是，用轻的东西去与轻的东西较量，那么就很危险，同样，用重的东西去对抗重的东西，那么就不会轻易取得成功，用轻的东西与对方重的东西比较，肯定要失败，而只有一种情况可以确保胜利，那就是用重的东西与对方轻的东西较量。

这些话有些理论化，不好理解，如果换成赛马的故事，那不就是说，用自己的下等马对抗对方下等马，很危险，可能成功，也可能失败，成功了也是侥幸。而用自己的上等马对抗对方的上等马也一样，也是很难确保成功的。若用自己的下等马去对抗对方的上等马，那就必败无疑，而只有用自己的上等马或中等马去对抗对方的中等马或下等马才可以确保胜利，这时才可以大胆地去战斗，如此而已。

知彼知己，何以百战不殆

既然只有“以实击虚”“以镒称铢”“以重行轻”才能确保取得胜利，那么，在拔河比赛中，如果可以选择，那么我们一定选择比我们弱小的一方跟我们比，可以说，孙膑的胜利就是选择对手的胜利。但是，游戏是游戏，毕竟有它的规则，在很多比赛中，其实我们并不能自由选择，碰到强的对手，只能是让自己的成员加把劲了，因为能胜要比，不能胜也要比，就是孙膑也是无能为力的。

然而，在真实的战斗中，只要你想，一般情况下，还是可以选择的。既可以选择进攻的对象，如选择敌人的薄弱之处进攻，也可以选择战还是不战，如打得赢，我才打，打不赢我就躲起来，让你要打也打不着，正因为可以选择，所以才有了无穷的用兵智慧。

那么，既然要选择，而且我们还会按照“以实击虚”的原则去选择，选择用强势的部队去进攻敌人的虚弱之处，我实彼虚，我们就选择战，我虚彼实就选择不战。那么，我们就不得不对双方的情况都有所了解，然后才可以判断双方的虚实，知彼知己的说法便由此而出。

对于《孙子兵法》，我们最熟悉的莫过于“知彼知己，百战不殆”这句话了，毛主席说它是科学的真理。当然熟悉归熟悉，但对于大多数人来说，事实上是不理解它的真正含义的，为什么要了解自己，然后再了解敌人，这样就可以百战百胜？这里面的逻辑大家其实并不清楚，在大多数人的观念里，“知彼知己”要么就是了解自身和敌人的特点，然后利用自己的优势，制定对付敌方相应的对策；要么就认为“知彼知己”就是把自己的优势和劣势仔细分析一下，然后再把敌人的优势和劣势分析一下就完事了，把“知”的工作从敌我双方之间割裂开来。有些搞营销学管理学的人就是那样的，把SWOT（态势分析法）往这里套，套了以后还啧啧称奇，称《孙子兵法》实在太伟大了，我们用的分析工具那时孙武就在用了。事实上，“知彼知己”并不是简单地把敌我双方割裂开来，进行了解和分析，而是对双方力量对比的整体衡量，也就是说，与其说是对各自的分析，倒不如说是对双方力量的整体评估，是一个“称”的过程，如果没有“称”这一关键行为，那么，“知彼知己”是不完整的。

总而言之，知彼知己的目的一方面是为了更好地制定对策，另一方面就是为我们的“选择”提供依据。我们说，将主决，将凭什么决？凭主观喜好？想进攻就进攻，想退守就退守？其实都不是，将主决，凭虚实之势决策进退耳！

当然，为了能对双方的实力对比做一个整体衡量，判断到底是我实彼虚，还是我虚彼实，我们也的确是不得不对各自的实力（硬实力和软实力）进行分析的；对自身的实力，我们比较好了解，但对于敌方的实力就比较难办了，尤其是对方的主力在哪里，什么部队要强，哪些部队要弱，粮食是否真的充足，人心是否一致，这些信息都很难去判断的，尤其是对方还会有意地隐藏真相，弄假象来迷惑我们。此时，获得并判别对方的真实情况，就显得尤为重要了，也是考验将军能力的时候了，不但要尽可能地占有对方的信息，而且要能识别获得的信息是否属实，所以，为了能准确的做出判断，真正做到“知彼知己”，那么，利用“间谍”的手段也就随之产生。现代企业竞争是信息的竞争，所以，很多企业都很重视信息化建设，信息化建设实际上也就是知彼知己，为了获得情报，以决策进退的系统建设罢了。

对双方的力量做出了一个评估衡量之后，是战还是不战，是进还是退，此时就有了依据，否则明知道打不赢，还一意孤行，还要固执去打，那就等于送死。

我们在上面说过，孙膑以上等马对中等马，以中等马对下等马就是以实击虚，而以下等马对上等马就是以卵击石，以虚击实了，孙膑在赛马过程中，首先就以自己的下等马对齐王的上等马，让自己失利一回，这也许是他们之间的约定，也可能欲擒故纵，但是，实际上孙膑完全是可以不失败这一回的，因为如果把这局比赛放在最后，三局两胜，最后那局还用比吗？当然，这是游戏，如果是真正的战斗，我想孙膑一定不会比这一场的，明知道打不赢，又何必损兵折将，不把自家的本钱和士卒的生命当回事呢！

其实，在实际战斗当中，我们要确信是以实击虚的，是打得赢的，我们才去打，毛主席说得好，“打得赢就打，打不赢就跑”，就是这个意思，以卵击石的事情，我们是不要去做的，打得赢的仗我们才打，打不赢的仗我们就尽量避免。如此一来，在善战者那里，只有打胜仗的记录，而没有打败仗的记录，百战百胜的将军不就是这么来的吗？哪里是他们有什么奇招和特异功能啊，只是他们做了打胜仗的充分准备，而又规避了打败仗的风险罢了。

将军的核心任务

既然以实击虚是兵法制胜的根本之道，胜败之机在于虚实，没有人能超越它，如此一来，我们就没必要花心思去投机取巧了，为了能够获得胜利，我们所能做的，除了设法去制造一个“我实彼虚”的态势，还能有什么其他办法呢？

因此，将军的核心任务，除了要去“知彼知己”，判断虚实，决定进退之外，最核心的工作和任务就是考虑如何谋取“我实彼虚”之势了。因为光会“知”没有用啊，打仗不是靠“知”，光靠判断虚实，或者光靠知道如何战胜对手就可以的，还必须要有实力去与人较量才行，好比赛马，光知道马的强弱是不行的，还得有让自己的马强壮起来或让对方的马弱小下去的办法才行。因此，我们对那些说《孙子兵法》的精髓是“知”的朋友说对不起了，“知”当然很重要，但是，如果没有采取谋得“我实彼虚”的行动，那么，光靠“知”就得陷入僵局，陷入被动了，你强我弱或我强你弱的态势也许永远都是那样了，犹如守株待兔一般，毫无主动性可言。所以，要主动去谋划，主动去创造“我实彼虚”的态势才行，在田忌赛马的故事里，孙膑选择上对中，中对下，不就是创造“我实彼虚”的具体谋划吗？如果有可能，我们完全可以发挥想象，为了让马更有力气一点，我们的办法，其实还有很多啊，比如吃好、睡好、训练好等。

这就是将军的核心任务，事实上，也是兵法的核心内容，因为兵法嘛，顾名思义，也就是如何获得胜利、打胜仗的方法，既然“以实击虚”是获得胜利的唯一途径，那么兵法阐述的一定是如何谋划“我实彼虚”之势的内容，否则，岂不是偏离了根本方向？

胜败之机，在于虚实

到目前为止，我们还没真正介绍《孙子兵法》。但是讲到这里，我们对《孙子兵法》会讲些什么，也应该有一些自己的想象或概念了，《孙子兵法》里面会讲些什么呢？无非也就是阐述如何谋取“我实彼虚”之势罢了，为了取得胜利，就必须制造“我实彼虚”之势，因此，《孙子兵法》的一切主张或观点，一定不会超越这个范围。

在开篇里面，我们谈到专家们归纳了《孙子兵法》的很多原则，为我们读懂《孙子兵法》提供了方便之门，比如先胜、慎战、致人不致于人等原则，这自然是《孙子兵法》的核心内容，现在我们闭着眼睛，仔细想想，先胜不就是要先做好准备，让我们的实力超过对方，以营造“我实彼虚”这一局势吗？慎战不就是为了不轻易损耗自己的力量，让我们持续维持着“我实彼虚”这一局势吗？致人不致于人不就是自己要主动，不要被敌人调动，否则就很容易被弄得筋疲力尽，有损“我实彼虚”的局势吗？凡此种种原则或主张，无不是为“以实击虚”这一根本原则服务的，也就是说，任何的变化都是为了这一条不变的原则服务。

当然，《孙子兵法》里谈到一些方法和原则，我们可以想象一下，《孙子兵法》仅仅6000字，难道可以把打仗的这些策略或方法全部列举完吗？显然不能，《孙子兵法》大部分都是在举例，点到为止而已，并没有把事情讲完。我们可以毫不夸张地说，在“以实击虚”这个根本原则的指导下，我们完全可以不必拘泥孙武的具体方法和言论，完全可以自己去创造无数个原则和方法出来，这也就是“变易”的精髓，方法可以千变万化，但万变不离其宗，不偏离根本原则就行了，套用邓小平的话来说就是，一切有利于“我实彼虚”的事情就可以做，一切不利于“我实彼虚”的事情就不能行。不管孙武说的什么原则，若我们临时一评估，如果不利于“我实彼虚”，那么就算是《孙子兵法》白纸黑字这样说，也没用，只有做到这一点，才是真正从大师那里解脱出来了，否则，就很容易犯教条主义的错误而不自知，比如如果你死死抓住《孙子兵法》的原话“陷之死地而后生”而不知变通的话，那就完蛋了，这个我们在后面讲“陷之死地而后生”例子时会详谈。

所以，不管你什么兵法，只要是想要打胜仗的，就离不开“以实击虚”这条根本原则，不管是《孙子兵法》，还是《吴子兵法》，不管是《尉僚子》还是《司马法》，不管你是《三韬》《六略》还是《李卫公问对》，还有常见的《三十六计》，统统都是从这一根本原则衍生出来的。所以，唐太宗才会说：“吾观兵书，无出《孙子》，孙子十三篇，无出虚实。”意为任何兵法都脱离不了“虚实”二字。

比较优势与绝对优势

前面我们已经说过，我们要先暂且撇开《孙子兵法》不谈的，以免在经典面前妨碍了我们的正常思维。现在我们仍是一样。先不管《孙子兵法》里会有些什么谋取“我实彼虚“的方法，我们先做个假设，假设我们就是将军，对《孙子兵法》一无所知，而接下来就要面临战争，我们会从什么方面，采取什么方法，营造“我实彼虚”的态势，从而取得胜利呢?

估计我们每个人都会有自己的一套办法，就犹如我们班主任为了在拔河比赛中取得胜利，又是训练，又是动员，又是呐喊助威一样。但是，不管你的方法如何，事实上我们要谋取“我实彼虚”的局势，无非就两个方面：一方面就是让我们自己实，也就是说，尽量让我们的部队强大起来；另一方面就是让对方虚，也就是说，尽量让对方部队尽可能的弱小，无论从哪个方向着手，都是促成我实彼虚的方法和途径，若两个方面同时进行，那么，实力的差距将骤然拉开。

值得提醒的是，这里有一个非常非常重要的问题，大家可以想想，为什么我们要强调“让我们那支部队”和“对方部队”，而不是所有的力量的对比呢？事实上，战争的胜负只取决于参战的部队的力量对比，而不是所有力量加起来的整体实力对比，好比田忌赛马，即使田忌的三匹马总的实力比齐王的三匹马的整体实力要差一些，也不妨碍田忌取得胜，因为在单次的较量中，田忌以上对中，中对下，我实彼虚之势形成，所以能取胜。同理，在抗日战争年代，我们的力量其实很弱小的，小米加步枪，但是如何以弱胜强，以少胜多，不仅取得了抗日战争的胜利，而且后来还打败了强大的国民党反动派呢？这个问题即便不说，答案其实也已经有了，大家可以先去思索，后面具体谈《孙子兵法》的时候，再来谈这个问题。

也就是说，我们现在谈的“我实彼虚”的态势，其实是有两种含义的：一种是从双方整体上的实力对比而言，比如美国对伊拉克，整体上美国大大强于伊拉克，我们把这种优势称之为“绝对优势”，也称之为“胜利之形”，比如姚明比我们个子高，也是绝对优势，兵法称之为“形”，短期是无法改变的；而另一种是局部战斗的两支部队的实力对比而言，比如伊拉克派10万兵力去攻击美国2000的兵力，我们称之为“比较优势”，也称之为“胜利之势”，再比如姚明蹲下来的时候或我们站在台阶上营造我们比姚明高的局面，也是相对优势，兵法称之为“势”，相对优势是临战时通过努力营造出来的，虽然整体上伊拉克弱于美国，对取得胜利有很大影响，但这并不能说伊拉克就没有打胜仗的可能。从这里，我们也可以看出，“绝对优势”是从宏观上讲的，不是一天两天就可以容易达成的，就像要让田忌的三匹马突然强大起来，其实是很难的。而“比较优势”是从局部上讲的，而且是可以通过一定的方法去获得的，比如田忌用上等马对下等马，用中等马对下等马，或自己站在台阶上，或让姚明蹲下来的方式以获取比较优势，等等。

现在这里我们完全可以抛掉“马”的概念了，放在战场上，就是集中优势兵力攻击敌人的虚弱之处，这时“我实彼虚”的比较优势形成，即使整体上不如人，在局部上有比较优势，即在较量的那一下或那一领域，力量超过对方，也是不影响取得胜利的！

实虚的谋划

然而，怎样让我方实，而又怎样让对方虚呢？怎样才算实，怎样才算虚呢？实与虚都是体现在什么方面的呢？

我们说，让我方实，就是让我们的部队强大起来，如此一来，想都不用想，最简单的方法就是让这支部队人数尽量多起来，把别的地方的部队调遣或集中起来，不就是最简单的方法吗？拔河比赛有规则的限制，但战场是没有的，你有多少机动兵力拿来调集过来都可以。

当然，这是从“量”的角度上来提升实力的，既然可以从“量”的角度来提升，那么我们想一想，是不是也可以从“质”的方面提升部队的实力呢？比如选择身体强壮的、训练有素的、勇敢的士兵，采用先进的武器，占领有利的地形，这些都是临战时，拿来就可以用的方法，也就是谋取“比较优势”的好办法，然而，这就够了吗？

其实，稍微再往下想一想，我们就会发现，上面所说的方法，也就是临战的时候拿来即可用的方法，基本上都是“调遣”力量类的方法。比如，调动别的地方的兵力集中起来是调遣。选择身体强壮的，训练有素的，勇敢的士兵，采用先进的武器也是调遣。而占领有利的地形，似乎不是调遣，但实际上在本质上讲也是属于调遣的，只不过是调遣“地利”这一资源而已。既然都是调遣，那么就要调遣有价值的资源，那些身体强壮的、训练有素的、勇敢的士兵，先进的武器从哪里来？临战时天上就能掉下来吗？不能，所以，真正要能打胜仗，光靠临战时抱抱佛脚是没用的。最重要的是平时，我们就要准备好临战时可以拿来调遣的资源或力量，否则，巧妇难为无米之炊啊，而这正是谋取“绝对优势”的问题，是战略问题。

我们再来看，如何削弱对方的作战力量。我们知道，让我方的作战力量迅速强大起来的最简单方法就是集中兵力，调遣别的地方的兵力，集中起来。那么，我们也可以反过来应用，通过一定的方法，分散敌人的力量，不就达到了削弱对方作战力量的目的了吗？事实上，要削弱对方的作战力量，还有很多其他方法，当然也要比充实我方的作战力量要难得多，因为，对方弱不弱，完全不是我们可以掌控得了的，如何削弱对方的作战力量，我们在这里先稍微带一下就行了，我们可以先去动动脑子，看看我们自己会有什么办法，待我们具体讲《孙子兵法》的时候，再来对照孙武的方法，看看我们想的跟他的方法是不是一致的。

硬实力和软实力

上面谈的是如何谋取“我实彼虚”之势的问题。不过也仅仅是凭我们自己的生活经验和想象，觉得应该那么做。至于《孙子兵法》里面会有什么方法，我们暂时没去理会。

现在我们要考虑的另一个问题就是，实与虚都是体现在什么方面？也就是说，是实是虚是由哪些因素来驱动的？因为只有把驱动实虚的因素找出来，才谈得上从真正的意义上去想办法让我方实或让对方虚，否则，岂不是让人无从下手？就像营销学里面的“4P”一样，要提升产品的销售，我们一般都会从产品（Product）、渠道（Place）、价格（Price）、促销（Promotion）这4个方面入手，制订周详而又系统的营销方案。同样，如果市场销售不好，我们一般也会从产品这4个方面去寻找原因。那么，要使得我方的实力强起来，使得对方的实力弱下去，到底应该从什么地方下手呢？我们先不管《孙子兵法》会如何阐述这个问题，我们自己先动动自己的脑筋，看看我们会从什么地方下手。

实际上，在谈拔河的故事中，我们就已经提到了，拔河比赛实际上比的就是绳子两端的力量，哪端的力量大，哪端就能获胜；哪端的力量小，哪端就得败。而之所以力量或大或小，与人数的多少、人员的素质、训练的程度、协同的能力、必胜的信心、胜利的愿望、地理位置等因素都有关系。而这些因素，一些是直接体现为力量的，如人数的多少、人员的强壮程度，我们把这些因素称之为“硬实力”，而有些虽然不是力量的直接体现，但是却可以转化为力量，如训练的程度、必胜的信心、胜利的愿望等，我们称之为“软实力”，如图4。

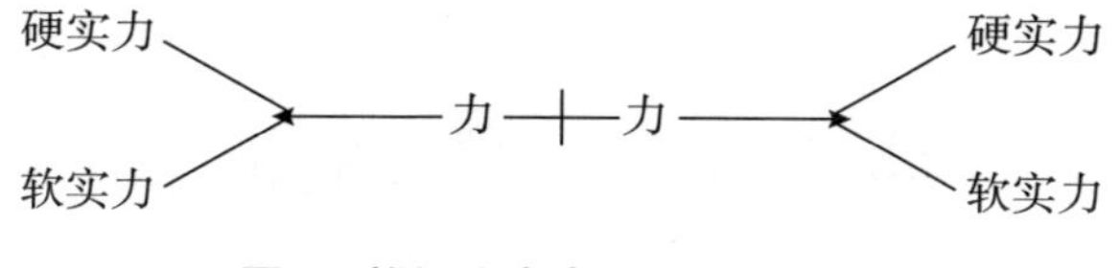

图4　拔河比赛中“力”的作用

我们可以类比过来，战争不也是实力的较量吗？而部队人数的多少，士兵的强弱，地理位置的好坏，兵器的先进与落后，粮食的多与少，这些不就是“硬实力”的体现吗；而部队的士气，勇敢程度，将领的才能，合理的人员配置与组织，严明的纪律，这些不就是可以转化为力量的“软实力”吗？

由此可见，谋取“我实彼虚”之势，可以从硬性的和软性的两个方面下手，且具体可以体现在各个方面，而衡量一个军队的虚实，同样可以从硬性的和软性的两个方面去评判。硬性的那些东西，比如人数的多少、粮食的多少、兵器的好坏等，这些不就是我们常说的“人力”“物力”“财力”吗？借用经济学或管理学的术语来说就是，这些因素其实是属于“资源”，“资源”丰富意味着实力也就强大。而像激发士兵的士气，合理的人员配置和组织，这些就应当属于“资源的组织或管理”能力了，因为，只有恰当的组织，才能把“资源”的效能发挥到最好，取得“1+1>2”的效果。事实上，衡量企业的实力，也是一样的。企业的实力强大，一方面是资源，即人力、物力、财力的雄厚，另一方面就是这些资源的管理能力了，恰当的组织和管理，使得在同等资源的情况下，获得更高的效益，谈及此，兵法里面的管理学味道就很浓了，事实上，《孙子兵法》就是一部管理学，待我们读过《孙子兵法》之后，大家自可私下去体会。

《孙子兵法》应有的框架

谈到这里，我们的思路，应该比以前要清晰得多了，我们可以再从头来梳理梳理，打仗无非就是要取得胜利，也就是说，胜利就是我们的目的，是我们的出发点，而要取得胜利就得谋取“我实彼虚”的态势（这是以实击虚的制胜法则决定的），而要形成“我实彼虚”的态势，就得一方面让我方的作战力量强大起来，另一方面把对方的作战力量削弱下去，而让我方的作战力量强大起来；一方面可以运用一些技巧，集中优势兵力，我们可以称之为战术，以取得“比较优势”，另一方面就是平时要重视实力的积累，我们称之为战略，以取得“绝对优势”。削弱对方作战力量也是同理，我们姑且可以画一个图出来，这个图是我们暂且撇开《孙子兵法》，以生活经验得出的，其具备兵法应该具有的框架或模式，之所以说是应该，是因为按我们的思路，如果不是那样，兵法就不知道该如何谈了（见图5所示）。

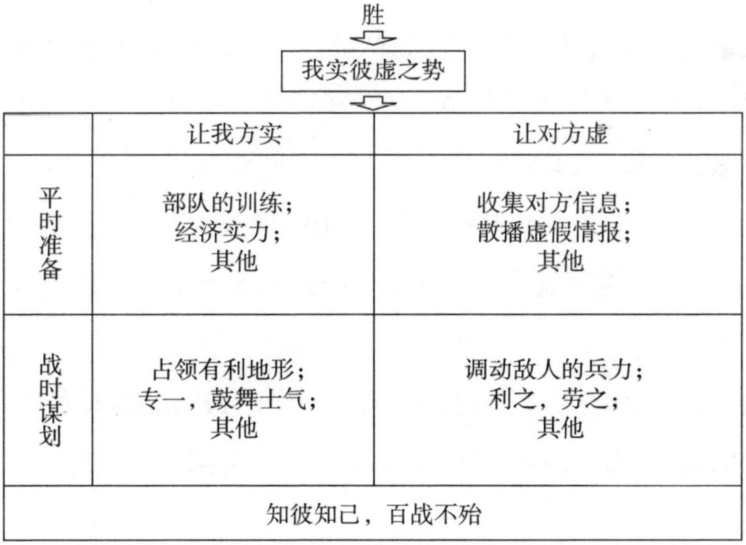

胜

↓

我实彼虚之势

↓

	让我方实	让对方虚
平时准备	部队的训练； 经济实力； 其他	收集对方信息； 散播虚假情报； 其他
战时谋划	占领有利地形； 专一，鼓舞士气； 其他	调动敌人的兵力； 利之，劳之； 其他
知彼知己，百战不殆		

图5　《孙子兵法》的思想框架

言及此，虽然我们还没正式讲《孙子兵法》，但事实上《孙子兵法》的思想框架和精髓都已经出来了，本来也用不着再啰唆什么了，读者按照这个图去读，没有谁读不懂的。而且在大家接下来读《孙子兵法》的时候，一定能体会到，其实读《孙子兵法》，就是往这个图里面填空，把《孙子兵法》里面的主张、方法或策略往里套就是了，因为无论《孙子兵法》主张什么，采用什么方法，统统都是为了谋取“我实彼虚”之势而已，只是有些方法是平时采用的，而有些方法是战时应用的，有些方法是属于长远的战略的，而有些方法是眼前的战术的，有些方式是为了让我方实的，而有些方法是让对方虚的罢了。一旦临战，将军通过各种手段，获取双方的信息，对双方力量进行去权衡（知彼知己），然后决定最后的进退攻守，这也就是《孙子兵法》的大部分内容了。

《孙子兵法》的奥秘就在这里，孙膑是孙武的后代，他用田忌赛马的故事揭示了《孙子兵法》的精髓。所以，我下面就要跟大家一起来过一遍，并验证给大家看，《孙子兵法》全书没有超出图5，且进一步来讲，就是唐太宗所说，兵法其实没有超出“虚实”二字，等我们把《孙子兵法》的内容大致串讲完了以后，大家会发现，《孙子兵法》的内容统统可以忘记，把握图5就行了，甚至这个图也可以忘记，把握“以实击虚”这一根本原则就行了，至于如何去“以实击虚”，方法千变万化，我们可以自己去临场发挥，去随机应变，没有必要一定要拘泥于孙武，这才是我们学习《孙子兵法》应该有的态度！

第三篇

通释——孙子无出虚实

在第二篇中，我们从田忌赛马的故事及生活经验中得出，“以实击虚”即是兵法制胜的根本之道，而谋取“我实彼虚”之势就是兵法内容的核心，兵法应有的逻辑框架体系，前面我们也已经从大体上讨论过。下面我们就按照我们得出的那张框架图的逻辑体系，逐一对《孙子兵法》十三篇进行简略地梳解。笔者在前边已经说过，本书不串解文字，只归纳每一篇的要点，然后再解释要点背后的逻辑，这样一方面是加深我们对《孙子兵法》的认识，做到知其然，且知其所以然；另一方面是验证一下，看看《孙子兵法》到底是不是没有超出“以实击虚”的范畴。

始计第一

原　文

孙子曰：

兵者，国之大事，死生之地，存亡之道，不可不察也。

故经之以五事，校之以计，而索其情：一曰道，二曰天，三曰地，四曰将，五曰法。道者，令民与上同意，可与之死，可与之生，而不畏危也；天者，阴阳、寒暑、时制也；地者，远近、险易、广狭、死生也；将者，智、信、仁、勇、严也；法者，曲制、官道、主用也。凡此五者，将莫不闻，知之者胜，不知之者不胜。故校之以计，而索其情，曰：主孰有道？将孰有能？天地孰得？法令孰行？兵众孰强？士卒孰练？赏罚孰明？吾以此知胜负矣。

将听吾计，用之必胜，留之；将不听吾计，用之必败，去之。

计利以听，乃为之势，以佐其外。势者，因利而制权也。兵者，诡道也。故能而示之不能，用而示之不用，近而示之远，远而示之近。利而诱之，乱而取之，实而备之，强而避之，怒而挠之，卑而骄之，佚而劳之，亲而离之，攻其无备，出其不意。此兵家之胜，不可先传也。

夫未战而庙算胜者，得算多也；未战而庙算不胜者，得算少也。

多算胜少算不胜，而况于无算乎！吾以此观之，胜负见矣。

通　释

首篇是《计》篇，《计》篇共有五段，第一段郑重指出战争关系到国家的生死存亡，因此必须引起重视。首先在思想意识上就必须重视战争，应该时刻保持警惕，加强战备工作。然后，在具体行动上对如何保卫国家的安全，如何获取胜利，孙武一方面提出了要“经之以五事，校之以计”，也就是平时要从道、天、地、将、法五个方面入手，着力提升自身的实力；另一方面也指出在“五事”的基础上，必须“因利而制权”，“乃为之势，以佐其外”，也就是战时必须通过“诡道”的办法，制造比较优势，为取得胜利作为一种必要的补充和辅助。通过两个方面的准备后，再进行综合衡量，评估得出能够取得胜利的一方，一定是实力强的一方，评估得出不能取得胜利的一方，一定是实力弱的一方，实力强就能胜利，实力弱就不能胜，一点实力都没有，那就更不用说了，这即是本篇的大概内容。

本篇是《孙子兵法》的首篇，也是《孙子兵法》中最为重要的一篇，好比乾坤两卦是《周易》之门户一样，本篇也是《孙子兵法》的门户，读懂了这一篇，其实，《孙子兵法》的大概意思都已经出来了。

我们首先来看“五事”，什么是“五事”呢？前面我们在详谈拔河比赛，分析我们会从哪些方面去加强自身的实力时，提到了硬实力和软实力，我们还把营销学里的4P来作类比，即要提升产品的销售，我们一般都会从产品（Product）、渠道（Place）、价格

(Price)、促销（Promotion）这4个方面入手，制订周详而又系统的营销方案，而要提升军队的战斗力，我们会从什么地方入手呢？当时，我建议大家先自己动动脑筋，看我们能从哪些方面入手，也许大家在没有学习《孙子兵法》之前，各有各的想法。但书中对于如何增强实力，孙武却给我们归纳了五个方面，也就是道、天、地、将、法，我们称之为“五事”(见图6)。

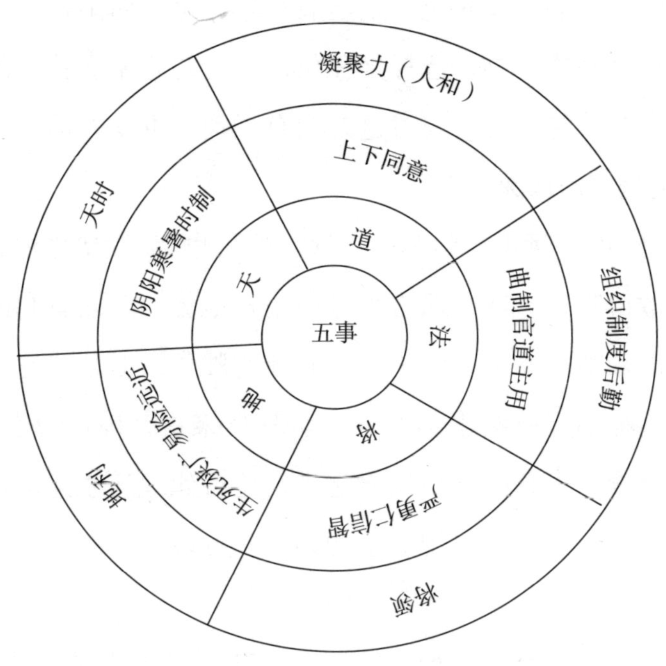

图6　《孙子兵法·始计》中的“五事”

什么是道？“道者，令民与上同意，可与之死，可与之生，而不畏也。”简单地说，就是民心的向背，组织凝聚力。你的民众拥护你，你的干部与士兵与你同一条心，誓死跟着你干，真心地跟着你干，而不是阳奉阴违，这就叫道！

什么是天？“阴阳、寒暑、时制也。”简单地说，就是指天气、四时节令的更替，当然往复杂里面讲，天还代表天命，代表着一股神秘的力量，这股神秘的力量犹如磁场，电波一样，什么时候什么方位对我们有利，什么时候什么方位对我们不利，都是有学问的。古代打仗，讲究“坐孤击虚”，孤位和虚位，实际上就是指那股神秘的力量而言的，坐孤位击虚位，就犹如顺风走路，顺水行船一样，有外力支持着，所以更顺，而这外力就是指这股神秘的力量。我们说，择天时择什么，择的也就是这股神秘力量，而不是逆着这股力量行事。在谈判的时候，选择坐孤位，而让对方坐虚位，无疑对我们是有很大帮助的，若大家对这方面有兴趣，可以去读一读《奇门遁甲》，也是一门很深的学问。

什么是地？“远近、险易、广狭、死生也。”简单地说，地就是地势，要取得胜利，就必须恰当地利用好地势，占取有利的地理位置，虽然占领地利不是说就决定了战斗的胜负，但地势好就能事半而功倍，地势不好就会事倍而功半。具体来讲，地理位置有远近、平坦险峻之分，也有广阔与狭窄之别，还有死地与生途的不同，不管什么情况下，我们都要想尽一切办法去占取有利的、避免不利的地理位置。

什么是将？“将者，智、信、仁、勇、严也。”将，顾名思义，就是将领，而什么样的人，才算得上是合格的将领呢？那就是智、信、仁、勇、严。智是指有智慧，对问题有解决办法；信是指有诚信，承诺过的事便必须要努力做到；仁是指有仁慈之心，当然此仁不是妇人之仁，是大仁，处事上要以大众利益为依归，所谓“仁不带兵”之仁是妇人之仁，大仁是与宇宙同为一体不忍人之心；勇是指有勇气，处事有决断；严是指治军严格要求，令出必行。五个方面都要做到，否则就不是合格的将领。当然，五个方面也不能太过，孔子讲过犹不及，智、信、仁、勇、严五个方面太过了也不行，曹操对此曾说："偏施智则贼；固守信则愚；重仁则懦；持勇则暴；令过严则残"。即是说过于偏向施智，则会让人贼头贼脑，用现代的话来说就是容易钻到牛角尖里去；过于执着守信用，则会让人迂腐愚蠢，事实上我们要在诚信这一大前提下根据不同情况有所变通；同样，过于仁慈则让人感觉懦弱；过于勇则会走向残暴；治军过于严格则会让人感觉残酷。为将者需要五者具备，而又不能有所偏，关于这一点，在后面《九变》篇我们还将重点来谈。

什么是法？"法者，曲制、官道、主用也。"法，不仅仅是法律制度和军队的组织编制，实际上，还包括后勤的保障，也就是经济实力，没有强大的经济实力作为基础，要取得胜利也是很困难的。

以上是"五事"。

我们再来看，什么是"诡道"？原文上说："兵者，诡道也。故能而示之不能，用而示之不用，近而示之远，远而示之近。利而诱之，乱而取之，实而备之，强而避之，怒而挠之，卑而骄之，佚而劳之，亲而离之，攻其无备，出其不意。此兵家之胜，不可先传也。"

一提起"诡道"，很多人就想起了诡诈，认为孙武的"诡道"思想是糟粕，不道德，为此对之远避三尺，实际上要是把个人情感成分去掉，"诡道"也并非是什么见不得人的东西。在我们看来，"诡道"的本质其实就是变化，比如"能而示之不能，用而示之不用，近而示之远，远而示之近"，本来是能，现在表现得不能，本来是准备用兵，现在表现出不准备用兵，本来是想进攻近处，现在表现出想进攻远处，本来是想进攻远处，现在表现出想进攻近处，这些本质上都是变化，变换本来的面目而已。

另外，“利而诱之，乱而取之，实而备之，强而避之，怒而挠之，卑而骄之，佚而劳之，亲而离之”，也就是说，当敌人贪利，我们就用小利来诱惑他；当敌人乱了，就乘机夺取他；当敌人实力很强时，我们就加强自身的防备；当敌人势头正旺时，我们就避开他；当敌人易被激怒时，我们就激怒他；当敌人谦卑时，我们就要设法让他骄傲；当敌人闲逸时，我们就设法让他疲劳；当敌人和睦时，我们就设法离间他。这些与变换本来面目不同，似乎不是变化，但实际上，这些针对不同的情况采用不同策略的方式，也是变化的，只不过是策略的变化而已。正因为如此，不可能有固定不变的敌人，因为不同的对手有不同的特点，同样的对手不同的时候，也有不同的表现，所以孙武才说，“此兵家之胜，不可先传也”。兵圣那里也没有固定的对付敌人的办法，全靠随机应变，李零教授的“唯一规则就是无规则”，在某种意义上说，指的就是这个意思。

那么，接下来我们想想，孙武为什么要主张“重战”？为什么那么强调“五事七计”？除此之外，又为什么一定要用“诡道”？实际上这一切都是由“以实击虚”这一根本制胜之道所决定的。

重战，一方面是重视战备，即对待军事对待国防要重视；另一方面就是反对轻易发动战争。当然，反对轻易发动战争，并不是害怕战争，更不是“掩耳盗铃”式的忘记战争而沉浸在自己的和平幻想里，而是应该重视起来，平时加强战备，从“五事七计”方面下功夫，战时才不至于手忙脚乱，“国虽大，好战必亡，天下虽安，忘战必危”，没有我方的“五事七计”修炼功夫，就没有我方的“实”，我方不“实”，自己站且站不稳，拿什么去攻击别人？只有综合实力比对手强，相比之下有绝对优势，才是制胜的根本，这也就是孙武主张重战，以及主张做好“五事七计”工作的原由（见表1）。

表1　　《孙子兵法》七计的综合实力

	我　方	对　方
主孰有道	10	6
将孰有能	10	10
天地孰得	10	5
法令孰行	10	10
兵众孰强	2	10
士卒孰练	10	10
赏罚孰明	10	10

注：对照一下，能给自己和敌人打多少分，综合起来，就是综合实力。

由此我们也可以看出，道、天、地、将、法五个方面，都是“让我方实”的具体因素，有“道”，即拥有士兵和干部群众的拥护，上下一心，无疑比无“道”，军心涣散，百姓怨声载道要“实”得多。占有天时地利也一样，有人才比没人才，肯定也是不可同日而语的，而且有严明的纪律，合理的组织安排，雄厚的后勤保障，也是增强军队战斗力的重要方面。因此，“五事”无非也就是为了让我方足够的强大，从而制造一种“我实彼虚”的态势罢了，只是有些是通过直接的方法，有些是通过间接的方法，直接可以提升实力的，我们称之为“硬实力”，比如天、地、法中的后勤保障及武器装备，士兵的训练等；间接可以提升实力的，我们称之为“软实力”，比如道、将、法中的纪律、制度及赏罚等。

并且，“五事”的方法，还不是战时就可以应用的技巧，而是平时就应该修炼的基本功。比如，有道无道，不是发生战争了，临时对老百姓对士兵好一下就能达成的，有道是长期以来实施仁政的结果。有将无将也是同理，能不能吸引人才，也不是一两天的事情，士兵的作战能力就更是，要靠平时去积极训练。而天与地，似乎可以在战时临时去争取，实际上，天与地除了有战时的天时地利的意义之外，他们还是有战略上的意义的，比如社会发展大势，就是战略意义上的“天”，蜀国倚仗蜀道之难，就是战略意义上的“地”。因此我们说，“五事”在一定程度上是在还没有战斗时，就从战略上去谋划胜利之形的举措，各个方面都准备好了，大体上“我实彼虚”的态势形成，那么，战争的胜负当然是可以大体看出来的。

既然“五事七计”是制胜的根本，“五事七计”一比较，大体就能分出胜负，那么为什么还要“因利而制权”，以“诡道”技巧作为补充呢？

诚然，“五事七计”的基本功打好了，在综合实力上有绝对优势，的确不需要什么技巧，因为一方面在强大的对手面前，别人会害怕，只要我们不主动发动战争，就很少会战争；另一方面，假如有不知天高地厚死而无悔的对手来犯，只要把石头向鸡蛋扔过去就行了。

但是令人遗憾的是，我们加强战备，增强实力，我们并不能保证对方不会也那么做，如果双方实力都差不多，或者即使做了很多准备，我方实力还是不如别人强，这时就不得不靠“诡道”了。因此，孙武在《计》篇的后半部分就详细地阐述了一些“诡道”的内容。

我们说，“诡道”的本质就是变化，比如“能而示之不能，用而示之不用”，又如根据敌人不同的特点，采取不同的对付措施，那么，为什么要变化呢？变化对取得胜利有什么作用？又是怎么起作用的呢？

我们知道，两军相对，胜负的根本在于双方力量的对比，也就是虚实对比，而我们要取得胜利，就必须制造“我实彼虚”之势，然而，如何创造？我们在前面的拔河比赛中，已经分析过了，一方面就是集中我方的优势兵力，让我方将要作战的那支部队“实”起来，另一方面就是想办法把敌人的那支部队削弱下去。但具体方法，我们没有谈，实际上，诡道，也即变化的目的就是尽量削弱敌人的力量，接下来谈谈诡道变化是如何削弱对方力量的。

“能而示之不能”，本来我们这支部队就有十万人，但是我们却表现出只有 2000 人，如此，敌人为了应付我们 2000 人，肯定不是派十几万人，而是派几万人或几千人来应战。而一旦战争开始，我们突然冒出十万兵力，而敌人却只有几千人，此时“我实彼虚”之势形成，我们以迅雷不及掩耳之势迅速破敌，对方再调动机动兵力也来不及了，“用而示之不用”的道理也是一样的。

“近而示之远”，这里有两种解释，一种是指我们与敌人之间的距离，一种是指我们将要进攻的地方。先拿第一种来说，本来我们离敌人很近了，但却故意表现出还离得很远的样子，而对方一旦认为我方离得很远，还没那么快到，必然会松懈大意，一旦松懈大意，“我实彼虚”之势形成，出其不意迅速攻打，就容易取胜；而第二种解释，本来是想进攻敌人的近处，但表现出将要攻击远处的样子，为了防御，此时敌人定将主力部队转移至远处，但恰恰相反，我们要攻击的是近处，敌人在近处的主力部队一撤走，而我方的主力部队一来，“我实彼虚”之势形成，这样取胜的可能性也就大很多，“远而示之近”也是同理。

“利而诱之”，用蝇头小利去引诱敌人，敌人的注意力转移，“我实彼虚”之势形成。这里大家要注意，“注意力”这东西看似很虚，但是必须明白，注意力本身也是资源，也是力量，集中注意力的力量是无穷的，我们讲一个人成功要专一，无非就是让自己的注意力集中起来罢了，一个人的时间管理，本质上就是注意力管理。

“乱而取之”，这是利用现成的“我实彼虚”之势，一个队伍很乱，尤其是内斗，心乱，是没有战斗力的。

“实而备之”“强而避之”，敌人实力强大，很实，那么，我们还能有什么办法呢？唯一的办法就是先暂时避免正面战斗，私下修炼修炼，尽量充实自己再说吧，何必以卵击石？

“怒而挠之”，本来是“我实彼虚”，敌人是不可以跟我们战的。但是，用激将法，把敌人的将领激怒，进而轻易出战，这是“我实彼虚”之势的有效利用。

“卑而骄之”，这与“能而示之不能”相同，也就是尽量地表现得谦卑，让对方放松警惕，一放松警惕，“我实彼虚”之势就容易形成。

“佚而劳之”，这是通过不同手段，故意调动敌人，让对方的部队疲劳的方法，对方一疲劳，“我实彼虚”之势也容易形成。

“亲而离之”，这是通过离间的方法，敌人内部一旦失去和睦，人心涣散，战斗力肯定要大打折扣的，此时“我实彼虚”之势也容易形成。

总而言之，“诡道”的本质就是变化，不管是变换本来的面目、隐藏真相，还是随着不同敌人特征调整策略，目的就一个——通过变化的手段，制造假象或隐藏真相让对手决策错误，让敌人该防守的地方没防守，留下可乘之机，形成“我实彼虚”之势，而不必防守的地方却守了个空（见表2）。

表2 诡道的本质

能而示之不能，用而示之不用	变化 隐形
近而示之远，远而示之近	
利而诱之，乱而取之，实而备之	因利 制权
强而避之，怒而挠之，卑而骄之	
佚而劳之，亲而离之	
攻其无备，出其不意； 兵家之胜，不可先传	调动 敌人 制造 空隙

说到这里，我们似乎可以得出结论：

（1）“五事七计”的正道很重要，而“诡道”也不可少，但是，“五事七计”是第一位的，“诡道”是第二位的，“诡道”只能是“以佐其外”，即作为辅佐，这是首先必须明确的。

（2）“诡道”技巧不可先传，靠的是随机应变，没有现成的章法可循。然而，最高技巧却是无技巧，向“五事七计”的方向，踏踏实实地走下去就行了，“正道”才是最后的保障，投机取巧可以，但依赖于投机取巧就不行了。好比战胜病魔的根本在于强身健体，而不是依赖医生的医术有多高明，这一点是一定不会错的。

（3）“五事七计”是从战略上谋划胜利之形，而“诡道”仅仅是从战术上谋划临时胜利之势。

（4）不管是“正道”，还是“诡道”，目的只有一个，那就是通过他们来制造“用石头去攻打鸡蛋”的那种态势罢了！

作战第二

原　文

孙子曰：

凡用兵之法，驰车千驷，革车千乘，带甲十万，千里馈粮。则内外之费，宾客之用，胶漆之材，车甲之奉，日费千金，然后十万之师举矣。

其用战也，胜久则钝兵挫锐，攻城则力屈，久暴师则国用不足。夫钝兵挫锐，屈力殚货，则诸侯乘其弊而起，虽有智者不能善其后矣。故兵闻拙速，未睹巧之久也。夫兵久而国利者，未之有也。故不尽知用兵之害者，则不能尽知用兵之利也。

善用兵者，役不再籍，粮不三载，取用于国，因粮于敌，故军食可足也。国之贫于师者远输，远输则百姓贫；近师者贵卖，贵卖则百姓财竭，财竭则急于丘役。力屈中原、内虚于家，百姓之费，十去其七；公家之费，破军罢马，甲胄矢弓，戟盾矛橹，丘牛大车，十去其六。故智将务食于敌，食敌一钟，当吾二十钟；萁秆一石，当吾二十石。故杀敌者，怒也；取敌之利者，货也。车战得车十乘以上，赏其先得者而更其旌旗。车杂而乘之，卒善而养之，是谓胜敌而益强。

故兵贵胜，不贵久。

故知兵之将，民之司命。国家安危之主也。

通　释

《作战》篇文字不多，其实概括起来也就讲了一个“速战”问题、一个“因粮于敌”的问题。

古话说：兵马未动，粮草先行。《作战》篇共有五段，第一段讲的就是粮草问题，因为若真要用兵，要把军队派出去，粮草军械是第一位的，没有粮草军械储备，一切都是空谈，这也可能是孙武为什么在第一篇谈完总体战略之后，在第二篇紧接着就谈粮草问题的重要原因。并且把军队派出去，每天的消耗都是巨大的，所谓日费千金，因此接下来第二段就谈速战的问题，因为只有以最快的速度结束战斗才能减少过度的消耗。

第三段谈的是要尽量“因粮于敌，取用于国”的问题，因为消耗大，国库容易被掏空。因此，能够以战养战就最好了，如果做不到，那么战争的伤害性是不可估量的。第四段再次以“兵贵胜，不贵久”着重强调速战的问题，并说明只有懂得速战，懂得用兵之害的将领，才能做国家安危的主宰，其实这本质上就是将领的慈悲之心。

速胜，顾名思义，也就是要以最快的速度结束战斗，以最快的

速度取得胜利，为什么一定要快呢？慢一点不可以吗？毛泽东的《论持久战》又是怎么回事？这些问题都是我们在读《孙子兵法》的时候常有的困惑。

速胜表面上看是指时间上要快，但实际上它本质上的含义是指以最小的代价取得胜利，或者说是在达到目的的前提下，在最短的时间内结束战斗，以减少消耗，因为取得胜利的时间越短，那么消耗的东西就越少，取得胜利的时间越长，消耗的东西也就越多。战争一旦开始，每日都得消耗大量的物资，多打一天，就多消耗一天，这也即所谓的“用兵之害”，别光知道打仗可以攻城略地，能如何如何，只知“用兵之利”，其实杀敌一万，自损三千，天下没那么好的事情，也正因为如此，要想打败敌人，自己首先必须有源源不断的人力物力财力供应做后盾，要是没有强大的实力做后盾，又不能速战速决，那么就很可能在还没有把对方拿下的时候，自己已经因为国库空虚而先倒下了，这是为什么要速胜的原因之一。

速胜的另外一个原因就是，敌我双方的力量对比，随时都要发生变化，也就是说先前我们费了九牛二虎之力，好不容易创造了一个“我实彼虚”的局势，如果不及时取胜，那么，这个态势随时都要发生变化，等对方支援力量来了，取得胜利就很难了，且还有打败仗的危险。我们平常说错过战机，其实就是指错过了“我实彼虚”的大好机会。

用兵贵在速战速决，但是，早年在抗日战争中，毛泽东为什么又提出打持久战的观点呢？与《孙子兵法》的速战思想有没有矛盾呢？实际上一点都不矛盾，速战的本质是以最小的代价取得胜利，毛泽东的“运动战”“游击战”就是速胜思想的体现，也就是在每一次的战斗中都争取以最快的速度结束，目的也就是减少我方的损失，胜敌而益强，下面我们来看看毛泽东是如何论持久战和速决战的：

> “为了实行速决，一般应不打驻止中之敌，而打运动中之敌。我预将大兵荫蔽集结于敌必经通路之侧，乘敌运动之际，突然前进，包围而攻击之，打他一个措手不及，迅速解决战斗。打得好，可能全部或大部或一部消灭他；打不好，也给他一个大的杀伤。一战如此，他战皆然。不说多了，每个月打得一个较大的胜仗，如像平型关台儿庄一类的，就能大大地沮丧敌人的精神，振起我军的士气，号召世界的声援。这样，我之战略的持久战，到战场作战就变成速决战了。敌之战略的速决战，经过许多战役和战斗的败仗，就不得不改为持久战。”

由此可以看出，速胜的前提是我方力量有绝对的优势，能很快地置对方于死地，否则速胜是不可能的，相对于日本，当时我们的实力相差是很远的，根本不可能速胜，好比两人格斗，比对方要弱小的一方，想很快战胜对方，几乎不可能，就是在两人体力差不多，势均力敌的情况下，想一下子就打赢别人也是不可能的，至少也得累得半死才能分出胜负。

对于日本侵略者而言，他们其实也想速胜，因为他们实力比我们强多了，似乎有速胜的条件。但是，我们的策略是防御，不跟他直接对着干，用时间来拖垮他们，因此在一定程度上说，“持久战”的目的恰好就是让对方的速战梦想落空，让对方不能以最快速度达到目的的战术，也就是说通过长时间的战斗，逐步消耗对方的力量的同时，壮大我方的力量，最终取得决定性的胜利。实际上，抗日战争的胜利，也就是由无数个小胜利累计起来的大胜利，小胜利靠在局部制造“我实彼虚”的比较优势，抓住对方的虚弱处，迅速攻击之，这也就是所谓的“集中优势兵力，各个击破”的意思，而大胜利就是靠通过无数个小胜利达到逐步削弱敌人力量而实现的。

为了在一定程度上弥补我方的消耗，孙武提出了“因粮于敌”的概念，鼓励士兵杀敌获利，“食敌一钟，当吾二十钟”，也就是说，如果能从敌人那获得粮食，削弱敌人实力的同时，又壮大了我方的实力，取得效益几何级放大的效果，目的也就是要保存我方实力的同时，削弱敌人。

因此，不管是“速胜”也好，“因粮于敌”也罢，它们的意义也就在于保持我方之实，而制造对方之虚，制造一个“我实彼虚”的局势，最终“以实击虚”而取得胜利罢了，《作战》篇不脱离虚实也是很明显的。

谋攻第三

原　文

孙子曰：

夫用兵之法，全国为上，破国次之；全军为上，破军次之；全旅为上，破旅次之；全卒为上，破卒次之；全伍为上，破伍次之。

是故百战百胜，非善之善也；不战而屈人之兵，善之善者也。故上兵伐谋，其次伐交，其次伐兵，其下攻城。攻城之法，为不得已。修橹轒辒，具器械，三月而后成；距堙，又三月而后已。将不胜其忿而蚁附之，杀士卒三分之一，而城不拔者，此攻之灾也。故善用兵者，屈人之兵而非战也，拔人之城而非攻也，毁人之国而非久也，必以全争于天下，故兵不顿而利可全，此谋攻之法也。

故用兵之法，十则围之，五则攻之，倍则分之，敌则能战之，少则能逃之，不若则能避之。故小敌之坚，大敌之擒也。

夫将者，国之辅也。辅周则国必强，辅隙则国必弱。故君之所以患于军者三：不知军之不可以进而谓之进，不知军之不可以退而谓之退，是谓縻军；不知三军之事而同三军之政，则军士惑矣；不知三军之权而同三军之任，则军士疑矣。三军既惑且疑，则诸侯之难至矣。是谓乱军引胜。

故知胜有五：知可以战与不可以战者胜，识众寡之用者胜，上下同欲者胜，以虞待不虞者胜，将能而君不御者胜。此五者，知胜之道也。故曰：知彼知己，百战不殆；不知彼而知己，一胜一负；不知彼不知己，每战必败。

通　释

《谋攻》篇主要论述了全胜和伐谋的问题，全胜是目的，伐谋是手段。

什么是全胜，简单说来，就是“不战而屈人之兵”“兵不顿而利可全”，也就是能够以最小的代价获得最大的胜利，之所以不说

“胜”，而说“全胜”，那是因为“全胜”可不是简单的取得胜利，而是能够不需要浪费一兵一卒而取得胜利，比简单的胜利高一个层次。“百战百胜，非善之善也，不战而屈人之兵，善之善者也”，用老子的语言来说，可以说是“大胜”，为了表达不一般的东西时，老子喜欢用“大”，比如“大白若辱”“大方無隅”“大音希聲”“大象無形”“大成若缺”“大盈若沖”“大直若屈”“大巧若拙”“大辯若訥”等，孙武没有用“大”来表达，而用“全”，全胜其实就是“大胜”，不费一兵一卒就取得胜利，那就“大胜”，大胜无形，用《孙子兵法》里面的话来说就是，无智名，无勇功。

除此之外，笔者认为，“全胜”其实还有政治上的意义，克劳塞维茨说，“战争是政治的继续”，战争是为实现政治理想服务的。而深受儒家思想滋养的孙武，他所认同的战争目的，也并不是简单地追求侵略攻伐的胜利，而是追求胜利之上的一种和谐的政治秩序。这样，就不难理解孙武为何主张要全胜，为何不强攻，那是因为最终目的是要实现人与人的和谐相处，实现和平，而设置军队也是为了实现这一理想罢了。

当然，如果自己不够强大，敌人不愿意与你和谐相处，而你无力反抗，那就谈不上实现和谐的政治理想了，这也就是为什么“国虽大，好战必亡，天下虽安，忘战必危”的最好解释了，国家再大，实力再强，如果好战，不知道休养生息，那么实力一定要消耗殆尽的（没有秋冬的收藏，就没有春夏的生长，有所不为才能有所为）。但是，如果因为天下和平，就忘记了战争，忘记了武备，忘记了积蓄实力，那么，就很危险了，因为尽管你有与大家和睦相处的愿望，但是，这也仅仅是你的一厢情愿而已（见图7）。

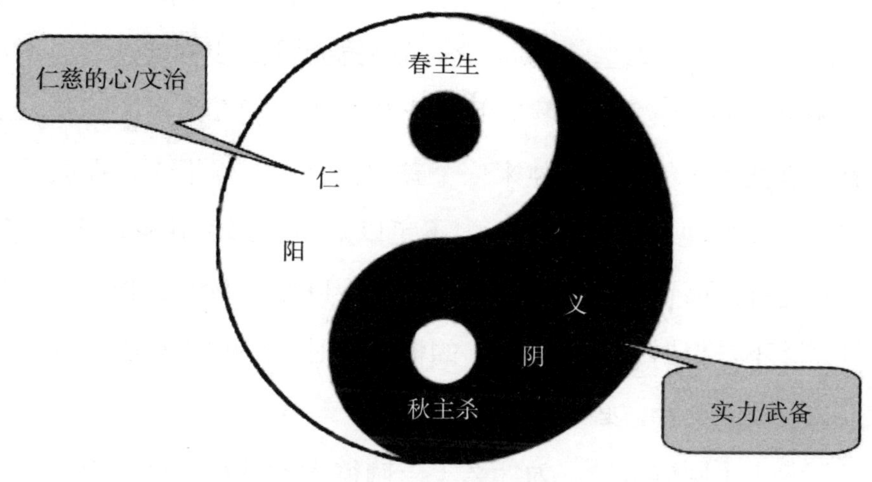

图 7　全胜的意义

实现“全胜”的最好方法是“伐谋”，是“谋攻”，为什么要“伐谋”，而不是直接刀兵相见呢？为什么百战百胜，不是最好的，而不战而屈人之兵才是最好的？就是因为“伐谋”，不损一兵一卒，不损耗力量，有利于我方的“实”，而百战百胜，虽然是胜，但是是以损耗了大量资源为前提的，不利于我方的“实”，容易造成我方的虚。因此，才说“上兵伐谋，其次伐交”，上就是最好，为什么是最好？有利于我方的“实”罢了。

另外，《谋攻》篇还论述了可以实现胜利的五种情况：

一是知可以战与不可以战者胜。那么，凭什么知道可以战和不可以战呢？前面已经谈过，凭敌我双方的虚实之势，我实彼虚就可以战，我虚彼实就不能战，可战则战，不可战则不战，如此方能百战百胜。

二是识众寡之用者胜。也就是说，能依据兵力的多少从而灵活采取不同的策略，就能取得胜利，“识众寡之用者胜”实际上是“十则围之，五则攻之，倍则分之，敌则能战之，少则能逃之，不若则能避之”的总结之辞，我方兵力十倍于人，拥有绝对的优势，那么就可以把敌人包围起来，来一个瓮中捉鳖；五倍于人，那么就可以直接去攻打他；要是我方兵力不足以对抗，那么就不能硬拼了，不仅不能打，而且还要避免与敌人交战，以减少我方的损失。这些原则，无不是根据“以实击虚”的根本原则，在我虚彼实的情况下，硬要去与敌人交锋，必败无疑。

三是上下同欲者胜。为什么上下同欲者能胜呢？俗话说，人心齐，泰山移。软实力也是实力，软实力是可以转化为硬实力的，我方软实力强，哪怕其他因素弱一点，也是能转败为胜的。所谓管理多半也就是指人力资源的管理，而人力资源管理的核心是人心的管理，让所有的人有共同的目标并愿意为之奋斗，即是管理的本质。

四是以虞待不虞者胜。以虞待不虞，我方以逸待劳，我方力量消耗少，消耗少为实，对方力量消耗多，消耗多为虚，以我之实击彼之虚，胜负见矣。

五是将能而君不御者胜。将能，说明将军能根据实际情况随机应变，我实彼虚则进攻，我虚彼实则防守，是进是退，将军都能应对自如，进退之决策视具体情况而定，君主不从中干预，能取得胜利也是理所当然的。

总而言之，以“全胜”为目标，以“谋攻”为方法，是为了保持“我实彼虚”之势，减少我方力量的损耗。而进退决策、攻守方法以及胜负的判断依据也无不是以虚实之势为根据的，全都没有脱离“虚实”二字。

军形第四

原　文

孙子曰：

昔之善战者，先为不可胜，以待敌之可胜。不可胜在己，可胜在敌。故善战者，能为不可胜，不能使敌之必可胜。故曰：胜可知，而不可为。不可胜者，守也；可胜者，攻也。守则不足，攻则有余。善守者藏于九地之下，善攻者动于九天之上，故能自保而全胜也。见胜不过众人之所知，非善之善者也；战胜而天下曰善，非善之善者也。故举秋毫不为多力，见日月不为明目，闻雷霆不为聪耳。古之所谓善战者，胜于易胜者也。故善战者之胜也，无智名，无勇功，故其战胜不忒。不忒者，其所措胜，胜已败者也。故善战者，立于不败之地，而不失敌之败也。是故胜兵先胜而后求战，败兵先战而后求胜。善用兵者，修道而保法，故能为胜败之政。

兵法：一曰度，二曰量，三曰数，四曰称，五曰胜。地生度，度生量，量生数，数生称，称生胜。故胜兵若以镒称铢，败兵若以铢称镒。

称胜者之战民也，若决积水于千仞之溪者，形也。

通　释

《军形》篇讲了三个问题，一是“先胜”，二是“必胜”，三是“易胜”。“先胜”，也就是“先为不可胜”，“立于不败之地”，“修道保法”，说白了就是在还没开战之前，就做好准备，让我方的实力大大超过对方，只要实力大大超过对方，实际上，对方已经败了，败在开始了，一定要打，那么也是必败无疑。而我们是必胜，而且容易取得胜利，这是由强胜弱、大胜小、实胜虚这一必然规律决定的。

因此，可以说“先胜”是前提，“必胜”是结果，“易胜”是表现，“先胜”了所以就能“必胜”，能“易胜”，“必胜”的本质就是“以镒称铢”“以碫投卵”，类似于大胖子与瘦小子坐跷跷板。

正因为“先胜”把取胜的工作都做在未战的前面，让战时取胜变得容易，“易胜”很容易让人感觉取胜很容易，所以常常被忽视，因此容易“无智名，无勇功”，而那些战时花了大代价取得的胜利反而更容易被人看作是善战者之胜，被当作经典案例称颂。销售产品也一样，业务员费了九牛二虎之力，终于把订单拿下，很容易被人称颂为“善战”，但真正的高水平销售，是把所有工作都做在前面，等好产品出来，不用你多说，订单轻而易举就能拿下，但正因为容易，反而容易被人忽略，因此而“无智名，无勇功”，这里有个故事可以用来旁通一下。

魏文王问名医扁鹊说：“你们家兄弟三人，都精于医术，到底哪一位最好呢？

扁鹊答："长兄最好，中兄次之，我最差。"

文王再问："那么为什么你最出名呢？"

扁鹊答："长兄治病，是治病于病情发作之前。由于一般人不知道他事先能铲除病因，所以他的名气无法传出去；中兄治病，是治病于病情初起时。一般人以为他只能治轻微的小病，所以他的名气只及本乡里。而我是治病于病情严重之时。一般人都看到我在经脉上穿针放血、在皮肤上敷药等大手术，所以以为我的医术高明，名气因此响遍全国。"

因此，真正的高明的医术是"治未病"，真正善于作战的人是"先为不可胜"，老子说，"太上，下知有之，其次，亲而誉之"，真正的高人，也许并不是那些被众人顶礼膜拜的知名人士，而是那些你只会知道他的存在，甚至觉得可有可无的那种人。反观企业管理也一样，真正优秀的公司未必要发生什么激动人心的事件，优秀的公司都很平静，不是说优秀公司就没有问题发生，而是在问题还没发生之前，就已经通过一定的机制或调度给规避掉了，而不是像平庸的企业，要等到问题发生之后，才由能人急急忙忙去救火，让人感觉好像更有能耐一样。

德鲁克说，以前我不知道一家好公司的标准是什么，但后来我发现，一个平静无澜的公司，必是管理上了轨道。如果一个公司常是高潮迭现，大家忙得不可开交，就必是管理不善。优秀的公司，总是简单单调，没有什么激动人心的事件，因为凡是可能发生的危机都早已预见，并已通过解决方案变成例行工作了。

其实，无论"先胜"还是"必胜"，实际上是对《计》篇"五事七计”那段话的展开，我们知道“五事七计”是从战略上谋划胜利之形，是基本功，谁的“五事七计”工作做得好，谁的基本功扎实，大体上就能分出胜负，所谓“其所措必胜，胜已败者也”，开始就已经输给了人家，还能玩出什么花样来?

然而，为什么要“先胜”呢，其实，无论是“先胜”，“先为不可胜”，还是“立于不败之地”“修道保法”，统统是为了加强我方的“实”，而“待敌之可胜”“不失敌之败”，统统是为了抓住对方的“虚”，“藏于九地之下”，是为了隐蔽自己，储蓄力量，也是为了我方的“实”，“动于九天之上”是力量储蓄到一定程度时，抓住对方的空隙，以绝对优势快速取胜。

因此，无论是为了我方的“实”也好，还是为了等待对方的“虚”也罢，或者是形成绝对优势的“动于九天之上”也行，统统是为了形成“以镒称铢”的局势，完全没有离开“以实击虚”这一根本制胜原则。

兵势第五

原　文

孙子曰：

凡治众如治寡，分数是也；斗众如斗寡，形名是也；三军之众，可使必受敌而无败者，奇正是也；兵之所加，如以碫投卵者，虚实是也。

凡战者，以正合，以奇胜。故善出奇者，无穷如天地，不竭如江海。终而复始，日月是也。死而更生，四时是也。声不过五，五声之变，不可胜听也；色不过五，五色之变，不可胜观也；味不过五，五味之变，不可胜尝也；战势不过奇正，奇正之变，不可胜穷也。奇正相生，如循环之无端，孰能穷之哉？

激水之疾，至于漂石者，势也；鸷鸟之疾，至于毁折者，节也。故善战者，其势险，其节短。势如扩弩，节如发机。纷纷纭纭，斗乱而不可乱；浑浑沌沌，形圆而不可败。乱生于治，怯生于勇，弱生于强。治乱，数也；勇怯，势也；强弱，形也。

故善动敌者，形之，敌必从之，予之，敌必取之。以利动之，以卒待之。故善战者，求之于势，不责于人故能择人而任势。任势者，其战人也，如转木石。木石之性，安则静，危则动，方则止，圆则行。

故善战人之势，如转圆石于千仞之山者，势也。

通　释

《军形》篇是通过“五事七计”的常规手段来谋求“我实彼虚”之形，是战略上谋划胜利之形，是用来制造绝对优势的，所以称“军形”。而《兵势》篇，则是以“奇正之变”的变化手段（也即“诡道”手段）来谋求“我实彼虚”之势，是战术上谋划胜利之势，是用来谋取比较优势的。因此，如果说《军形》篇是《计》篇第二段的展开，那么《兵势》篇则是《计》篇诡道部分的具体说明。

然而，奇是什么，正又是什么，实际上没有固定的说法。一般来讲，先为不可胜，打基本功是正，临时的权变是奇，但是在一个尚权取巧的年代，打基本功也是奇，投机取巧很正常，做老实人才奇怪。因此，大家都认为应该如此的方法，就是正，大家认为不可能会采用的手段，就是奇。善用兵者，正亦奇，奇亦正，无不正，无不奇，是奇是正不在奇正本身，而在于人的看法。

正因为如此，所以要变，奇正之间的不断变化，因为原来是出乎意料的“奇”，当大家知道了之后，就不再是“奇”了，都有防备了，这时原来的“奇”也就变成“正”了，而原来大家都认为会采用的方法“正”，因为没有采用，这时或许又是“奇”了。在股市里面，经常有这样的情况，为什么原来的成功经验会失效？就是因为这种经验会被庄家所利用，而反其道而行之。

那么奇正之间为什么要不断变化呢？目的是什么？实际上，奇正之变的首要目的，就是要永远都能出奇，永远都不按常规出牌，不按常规出牌的最终目的是为了制造“我实彼虚”之势，最后在“我实彼虚”的态势下，出而攻之，进而取得胜利。

然而，变化，不按规矩出牌，为什么能形成“我实彼虚”之势？“我实彼虚”的态势是如何形成的呢？比如声东击西，声东是常规，也就是正，击西是反常规，是奇，常规之下，对方为了应付我方的东部进攻，必然集中兵力驻守东部，此时若我方仍坚持进攻东部，就难以形成“我实彼虚”之势了。而此时以我方优势兵力进攻对方没有防备的西部，“我实彼虚”之势就自然形成，取得胜利也是理所当然。

又比如，我方先以 10 万常规兵力进攻敌方，敌方必然准备能胜我 10 万兵力的兵力来应战，此时，也难以形成“我实彼虚”之势，也很难取得胜利。要是此时突发奇兵，发动机动力量，霎时增加 5 万兵力，“我实彼虚”之势形成，取得胜利也就容易得多了。

另外，变化也是隐蔽真相的方法，敌方不知我方真相，自然不敢轻举妄动。唐太宗说：“以奇为正，以正为奇，变化莫测，奇所谓无形者欤。”因此，变化，不为别的，就是为了“无形”，我无形，敌方不知进攻哪里，也不知道防备哪里，防备的地方多，防备的力量必然就少，防备的力量少，那么“我实彼虚”的态势自然就形成，这一点，在《虚实》篇中重点阐述了这一点，这是谈奇正之变。

另外，《兵势》篇在篇末说，“形之，敌必从之，予之，敌必取之，以利动之，以卒待之”说的无非也就是调动敌人，分散敌人的注意力，制造对方的“虚”，然后以我之“实”，攻打彼之“虚”，战无不胜，终究也没有离开虚实二字。

虚实第六

原　文

孙子曰：

凡先处战地而待敌者佚，后处战地而趋战者劳。故善战者，致人而不致于人。能使敌人自至者，利之也；能使敌人不得至者，害之

也。故敌佚能劳之，饱能饥之，安能动之。出其所必趋，趋其所不意。

行千里而不劳者，行于无人之地也；攻而必取者，攻其所不守也。守而必固者，守其所不攻也。故善攻者，敌不知其所守；善守者，敌不知其所攻。微乎微乎，至于无形；神乎神乎，至于无声，故能为敌之司命。进而不可御者，冲其虚也；退而不可追者，速而不可及也。故我欲战，敌虽高垒深沟，不得不与我战者，攻其所必救也；我不欲战，虽画地而守之，敌不得与我战者，乖其所之也。故形人而我无形，则我专而敌分。我专为一，敌分为十，是以十攻其一也。则我众敌寡，能以众击寡者，则吾之所与战者约矣。吾所与战之地不可知，不可知则敌所备者多，敌所备者多，则吾所与战者寡矣。故备前则后寡，备后则前寡，备左则右寡，备右则左寡，无所不备，则无所不寡。寡者，备人者也；众者，使人备己者也。故知战之地，知战之日，则可千里而会战；不知战之地，不知战之日，则左不能救右，右不能救左，前不能救后，后不能救前，而况远者数十里，近者数里乎！

以吾度之，越人之兵虽多，亦奚益于胜哉！

故曰：胜可为也。敌虽众，可使无斗。故策之而知得失之计，候之而知动静之理，形之而知死生之地，角之而知有余不足之处。故形兵之极，至于无形。无形则深间不能窥，智者不能谋。因形而措胜于众，众不能知。人皆知我所以胜之形，而莫知吾所以制胜之形。故其战胜不复，而应形于无穷。

夫兵形象水，水之行避高而趋下，兵之形避实而击虚；水因地而制流，兵因敌而制胜。故兵无常势，水无常形。能因敌变化而取胜者，谓之神。故五行无常胜，四时无常位，日有短长，月有死生。

通　释

《虚实》篇名即为虚实，自然也离不开虚实的范畴。

《虚实》篇在篇末总结道：“夫兵形象水，水之行避高而就下，兵之形避实而击虚”，也就是说，避高而就下是行水的规律，而避实而击虚是行兵的规律，从根本上总结了战争的制胜根本法则——以实击虚，我们所做的一切，无非也就为制造“我实彼虚”的态势而已。

然而，前边我们也已经谈过，虚实对比之势，不是固定不变的，而是随时都会发生变化的，比如随着时间的推移，士气的对比，一鼓作气再而衰，另外，兵力的调遣，分合变化，此时我实彼虚，但敌方可能又从别的地方调来兵力，而我方不变，那就成了我虚彼实了。因此说，能够随着虚实对比之势的变化而采取不同的策略，最终皆能造成“我实彼虚”的态势而取得胜利，就是神了。

那么，在战场上如何制造“我实彼虚”之势呢？一句话，那就是“形人而我无形”，在《兵势》篇都已稍微提到了调动敌人和因变化而无形的问题，孙子在《虚实》篇又再次重点说明了这一点。

形人，就是调动敌人，也就是所谓的“致人而不致于人”，调动敌人的目的一方面是分散敌人的注意力，制造空隙，“以利动之”，都逐利去了，必有空隙，然后“以卒待之”“趋其所不意”，就一定能取得胜利；另一方面是消耗敌方的体力，先处战地，以逸待劳，无非也就是在体力上促成“我实彼虚”的态势而已。另外，形人，是让敌人在明处，敌方容易暴露在我方的眼皮底下，我方便更能拿出有针对性的取胜办法。

我无形，就是隐蔽自己，让自己在暗处，隐蔽自己，“深间不能窥，智者不能谋”，隐蔽的方法有两种：一种是前面《军形》篇提到的“藏于九地之下”，把自己藏起来；另一种就是变化，也就是“诡道”，《兵势》篇也提到。

道家主张做人要低调，主张守柔居谦，而不主张张扬，实际上与孙武“藏于九地之下”“难知如阴”思想如出一辙，所谓“言多必失”“祸从口出”都是因过多地暴露而引来的不利。“遇事不开口，神仙难下手”，要是隐蔽一点，敌人对你不了解，任何人都拿你没办法。而变化的目的，同样也让敌人觉得我方不可捉摸，变化莫测，自然主意也就拿捏不定，进攻不知道进攻哪里，防备不知道防备哪里，防备的地方多，防备的力量就自然分散，如此，“我实彼虚”之势就容易形成。

所以孙武说，“胜可为也。敌虽众，可使无斗。”使无斗的方法，没有别的，就是“形人而我无形”，分散敌人的力量，集中我方的力量，各个击破。毛主席的运动战，游击战，与敌人玩猫捉老鼠的游戏，其实就是通过我无形以达到“敌人无不备，无不备则无不寡”，最后以我之众击彼之寡，各个击破，达到胜利的目的。关于这一点，《孙子兵法》原文论述得很精彩：

“故形人而我无形，则我专而敌分。我专为一，敌分为十，是以十攻其一也。则我众敌寡，能以众击寡者，则吾之所与战者约矣。吾所与战之地不可知，不可知则敌所备者多，敌所备者多，则吾所与战者寡矣。故备前则后寡，备后则前寡，备左则右寡，备右则左寡，无所不备，则无所不寡。寡者，备人者也；众者，使人备己者也。故知战之地，知战之日，则可千里而会战；不知战之地，不知战之日，则左不能救右，右不能救左，前不能救后，后不能救前，而况远者数十里，近者数里乎！”

由此可见，要“知战之地，知战之日”，不是为了别的，为的是好集中兵力，形成“我实彼虚”之势去对付敌人，不然的话，处处防守，处处进攻，那么就处处都是“我虚彼实”了，“我虚彼实”，谈什么打胜仗呢？

然而，敌人也可以无形啊，如何对付敌人的无形？孙武提出：“策之而知得失之计，候之而知动静之理，形之而知死生之地，角之而知有余不足之处。”也就是通过试探的方法，观察对方的举动，以此探知虚实。

当然，若敌人很隐蔽，也擅长于变化，导致我方不知敌之情，进而就无法判断虚实之势，在我方没有确认实际情况之前，我方就不能轻易发动战争，即使敌人如何威逼利诱，都是不可以的。

军争第七

原　文

孙子曰：

凡用兵之法，将受命于君，合军聚众，交和而舍，莫难于军争。军争之难者，以迂为直，以患为利。

故迂其途，而诱之以利，后人发，先人至，此知迂直之计者也。军争为利，军争为危。举军而争利则不及，委军而争利则辎重捐。是故卷甲而趋，日夜不处，倍道兼行，百里而争利，则擒三将军，劲者先，疲者后，其法十一而至；五十里而争利，则蹶上将军，其法半至；三十里而争利，则三分之二至。是故军无辎重则亡，无粮食则亡，无委积则亡。故不知诸侯之谋者，不能豫交；不知山林、险阻、沮泽之形者，不能行军；不用乡导者，不能得地利。故兵以诈立，以利动，以分和为变者也。故其疾如风，其徐如林，侵掠如火，不动如山，难知如阴，动如雷震。掠乡分众，廓地分利，悬权而动。先知迂直之计者胜，此军争之法也。

《军政》曰："言不相闻，故为之金鼓；视不相见，故为之旌旗。"夫金鼓旌旗者，所以一民之耳目也。民既专一，则勇者不得独进，怯者不得独退，此用众之法也。故夜战多金鼓，昼战多旌旗，所以变人之耳目也。

三军可夺气，将军可夺心。是故朝气锐，昼气惰，暮气归。善用兵者，避其锐气，击其惰归，此治气者也。以治待乱，以静待哗，此治心者也。以近待远，以佚待劳，以饱待饥，此治力者也。无邀正正之旗，无击堂堂之阵，此治变者也。

故用兵之法，高陵勿向，背丘勿逆，佯北勿从，锐卒勿攻，饵兵勿食，归师勿遏，围师遗阙，穷寇勿迫，此用兵之法也。

通　释

"我实彼虚"之势形成了，接下来就可以与敌人争夺利益了，这也就是《军争》篇。

争夺利益的方式有两种，一种是直接与对手面对面交锋，一种是采取迂回的方式，后人发先人至，也就是孙武所说的“以迂为直，以患为利”。

那么，孙武为什么要主张“以迂为直，以患为利”，也就是说，为什么要采取迂回的方式，而不直接去争夺呢？这里就不得不提到道家思想了，老子说，“将欲歙之，必固张之；将欲弱之，必固强之；将欲去之，必固兴之；将欲夺之，必固予之”，我们现代流行的话是“将欲取之，必先予之”，这一谋略大多数人都很熟悉，但里面的道理，可不是每个人都了解。表面上看，好像就是要获得回报就要先付出，似乎也解释得通，但是，实际上这是老子从观察宇宙的运行，得出“反者道之动”的规律后，推导出来的结论。“反者道之动”，什么意思呢？也就是说，事物都向它的相反方向运动，天黑了，一直下去，必然是天亮；天亮了，一直下去，必然是天黑，依此类推，强大了，必然将走向衰弱，弱小的东西，也有走向强大的一天，用道家及《周易》的另外一句话来说明就是——物极必反、否极泰来、乐极生悲，既然事物都要向相反的方向运动，因此想要强大，就得守着柔弱，因为柔弱的趋势是强大啊，要是你守着强大，骄傲自满，那么趋势就是柔弱，要转盛而衰了，这也就是为什么道家主张低调，要守柔居谦，要有空杯心态的根本原因。这个道理类推过去，要让敌人衰弱，不能直接削弱他，而应该让他强大，强大到了极点，他自己都要走向衰落。最典型的例子就是勾践灭吴，采用美人计，说好话给吴王听，吴王要什么就满足什么，最后吴王沾沾自喜，骄傲自大，世间的道理就是那样，盈则虚，满则损，吴王最终被勾践给灭了，这也是道家的最高谋略。现实生活中也有这样的例子，糖衣炮弹可一定要经受住，“道我好者是吾贼”，《周易》乾卦，也讲过同样的道理，亢龙有悔，太过了必定要向相反的方向转化的，强势之人一定不是最值得可怕的，强势之人要继续保持下去很难，保持不下去那么就得走下坡路，不进则退，反而星星之火却是值得警惕的，一句话，盛不足畏，微之当防。

由此可知，“迂其途，而诱之以利”的表面上是“予之”，让敌人自我感觉良好，实际上让敌人放松警惕，然后“后人发，先人至”，在不知不觉之中，把利益争夺过来。古话说，一鼓作气，再而衰，三而竭，开始交战时，敌人的锐气肯定势不可当，因此要顺着他，不要直接去顶着干，要等他放松警惕，或者本身士气变弱的时候，我们再集中我方力量，出而胜之，这就是“以迂为直，以患为利”的本质。“迂”“患”就是“予之”，“直”“利”就是“取之”，吃亏付出表面上看是“患”，内里却是“利”，斤斤计较，寸步不让表面上看是“利”，内里却是“患”。

记得在大学上体育课的时候，老师讲防身术，就说到了这一点。老师说，假如别人攻击你一拳，你不要用自己的身体或拳头去对抗，而应该顺着对方的攻击的方向退让，退让的同时，实际上也是自己积蓄力量，等对方的气势转弱以后，再反击，总之是以退为进，以屈为伸，让步是为了不让步，如此，才能保全自己，又能重重地攻击敌人，这与“以迂为直，以患为利”也是同理的。而龟兔赛跑的故事，也是一样，乌龟就是采用道家“将欲取之，必先予之”的策略，用自己的弱（慢）来促使兔子的强，让兔子强到极点，让它骄傲自大，自以为可以放心睡大觉，而就在它在梦中时候，乌龟取得胜利，道理也是如此。孔夫子在解读《易经》的时候，也有非常经典的话，那就是："鸷鸟将击，必藏其形""尺蠖之屈，以求信也；龙蛇之蛰，以存身也"，大家可以去悟一悟其内在含义。

现在，我们把话收回来总结一下，"必先予之"的目的，其实就是让敌方"实"，进而促使其"实"转化为"虚"，然后以我之"实"击彼之"虚"，因此，可以说"以迂为直，以患为利"，也是没有离开虚实二字的。

《军政》篇后面还提到"金鼓"和"旌旗"的问题，且明确地告诉我们，"夫金鼓旌旗者，所以一民之耳目也。"旗帜和战鼓的作用就在于统一士兵的耳目，而为什么要统一呢？毫无疑问，因为统一步调才能形成力量啊，分别弄断一支支的筷子很容易，但弄断一把筷子就难了，所以，统一步调也是为了形成我方之"实"。

另外，《军政》篇还提到"治气""治心""治力""治变"的问题。

"治气"，也就是"避其锐气，击其惰归"，显然，是"以实击虚"的另一说法。

"治心"，也就是"以治待乱，以静待哗"，这一点更多是针对将军来说的。作为主将，将军必须保持镇定，有绝对的自信，能处变不惊，不为外物所扰乱，这样，才能给整体士兵带来信心，否则，遇到困难，将军本人就乱了阵脚，军心不动摇是很难的，因此，治心，也是围绕"我实彼虚"而言的。

"治力"，也就是"以近待远，以佚待劳，以饱待饥"，这个很好理解，这样做，也是有利于"我实彼虚"之势的形成，不用多说。

"治变"，也就是"无邀正正之旗，无击堂堂之阵"，这是知难而退的说法，只知道一味往前冲，那也是不行的，因为此时“我虚彼实”，因此，要知道变通。

归纳起来，无论是“治气”“治心”，还是“治力”“治变”，也无不是为了保持我方之实，制造彼之虚。

最后，我们重点来关注一下，最后那段，“故用兵之法，高陵勿向，背丘勿逆，佯北勿从，锐卒勿攻，饵兵勿食，归师勿遏，围师遗阙，穷寇勿迫，此用兵之法也。”

“高陵勿向”，“背丘勿逆”，是说不要向上进攻，不要爬坡，那是因为，敌人在高处，自高而下势顺，自下而上力乏，必然是我虚而彼实，所以不能战。

“佯北勿从”，是说假如敌人假装逃跑，就不要去追赶了，那是因为敌人假装逃跑，肯定准备了庞大的后备力量来对付我们的，此时“彼实我虚”，因此勿从。

“锐卒勿攻”，是说面对精锐的部队，就不要硬碰硬了，这是因为，“锐卒”本身就是实的表现，因此不要正面去迎接他。

“饵兵勿食”，是说假如敌人扔来诱饵，那就要装着不知道，不要轻易乱动。因为那是分散我方注意力的诱饵，我方一转移视线，我虚彼实之势形成，敌兵很快就来，所以勿食。

“归师勿遏”，是说想回家的敌人部队，不要去拦，因为归师即说明敌人人心思归，如果去攻击，士气一定突然变得高涨，士气很“实”，因而勿遏。

“围师遗阙”，是说包围了敌人，一定要留条活路给人家，为什么要留活路呢？因为不给敌方留活路，敌人必然死战，全军将士视死如归，士气必然转化为实，留活路的目的就是让他们无必斗之心，士气提不起来，我方就能实。“穷寇勿迫”与“围师遗阙”同理。

这里要作一点说明的是，针对《孙子兵法》这段论述，有些专家认为孙子的这种提法过于机械，比如郭化若将军就是那么认为的，他说：

> “在作战问题上，《孙子兵法》中有过于机械的原则和消极的因素。例如它虽讲过“趋其所不意，行千里而不劳”（《三十五》），但又说“卷甲而趋，日夜不处，倍道兼行，百里而争利，则擒三将军”（《五十》）。其实，如能出敌不意，则倍道兼行，风雨无阻，往往能取得意外胜利。他消极地主张“高陵勿向，背丘勿逆”（五十八），“归师勿遏，围师遗阙，穷寇勿迫”（五十八）。实则高陵有时可以向（即仰攻），背丘有时可逆（即正面进攻），归师有时可以遏，而为了全歼敌人，一般围师就不能缺，穷寇就必须追。”

这里，郭将军讲得很对，但是，本人认为，说孙武机械是不对的，如果一定要说机械，那就只能说是郭将军自己过于机械地理解《孙子兵法》了。其实，语言文字是永远无法完全表达思想的，如果一定要拘于文字，那才是真正的教条，才是真正的机械。

并且，孙武在下面的《九变》篇紧接着就阐述了这样的观点：“途有所不由，军有所不击，城有所不攻，地有所不争，君命有所不受”，也就是说，凡事要有所变通，不能认死理。

孙武虽然仅举了这五条必须变通的东西，事实上要变通的东西，永远不只这五条，为什么叫“九变”呢？“九”代表多啊，孙武实际上是想通过这五条来告诉我们一个必须事事都要知道变通的道理，因此，我们完全可以由此而推导出郭将军的观点出来——“高陵有所可向，背丘有所可逆，归师有所可遏，围师有所不缺，穷寇有所可追”，这不是很符合孙子的九变思想吗？

由此看来，高陵可不可向，背丘可不可逆，归师可不可遏，穷寇要不要追，判断标准不是高陵，不是背丘，不是归师，不是穷寇，高陵，背丘，归师。穷寇仅仅是现象，以现象来判断肯定要出错的，那么判断标准到底是什么呢？也就是说，到底可不可以攻，可不可向，要不要遏，根本在哪里？根本其实就在虚实啊，虚实才是本质，“高陵勿向”，那是一般原则，敌人在高处，我们仰攻，是我虚彼实，所以不能攻，一般来看是那样，但是，常规之后有例外，假如我方兵力十倍于人，百倍于人呢，敌人的地势优势无法弥补兵力少的劣势，虽然敌方在高处，我方虽是仰攻，但是由于我方兵力众多，总体比较起来，还是我方要实，我实彼虚，为什么不可以攻呢？

“归师勿遏”“穷寇勿迫”也是同样的道理，在兵力差不多的情况下，去攻打“归师”和“穷寇”，必然反而激发敌方士兵的士气，导致“我虚彼实”的结果，网开一面的目的是不让对方士气突然高涨。但是，假如你兵力十倍于人，有绝对的把握消灭敌人，那就另行别论了，兵力十倍人，敌人的士气再高涨，也是不可能高过你的十倍兵力的，此时为什么不可以“宜将剩勇追穷寇”呢？并且，孙武不是说“十则围之”吗？此时是不必“遗阙”的，穷寇也要追的，否则，围师就地遗阙，穷寇就不许追，未免太死板。总之，要以实际上的虚实来判断，而不是拘执于文字，拘执于现象。

九变第八

原　文

孙子曰：

凡用兵之法，将受命于君，合军聚合。泛地无舍，衢地合交，绝地无留，围地则谋，死地则战；途有所不由，军有所不击，城有所不攻，地有所不争，君命有所不受。

故将通于九变之利者，知用兵矣；将不通九变之利，虽知地形，不能得地之利矣；治兵不知九变之术，虽知五利，不能得人之用矣。

是故智者之虑，必杂于利害，杂于利而务可信也，杂于害而患可解也。是故屈诸侯者以害，役诸侯者以业，趋诸侯者以利。故用兵之法，无恃其不来，恃吾有以待之；无恃其不攻，恃吾有所不可攻也。

故将有五危，必死可杀，必生可虏，忿速可侮，廉洁可辱，爱民可烦。凡此五者，将之过也，用兵之灾也。覆军杀将，必以五危，不可不察也。

通　释

《九变》篇，顾名思义，就是要多变，讲变通，不能认死理，不能教条主义。为什么要变通呢？上面我们在提“高陵勿向”时提到了“途有所不由，军有所不击，城有所不攻，地有所不争，君命有所不受”，也就是说，在一般原则之外，要知道有例外，其实世上哪里有绝对正确的道理呢？由不由，击不击，攻不攻，争不争，受不受，都要根据实际情况而定，我方是不是占主动，是不是“我实彼虚”，如果是，那就可以由，可以击，可以争，可是受，否则就不能。用《孙子兵法》本身的话来说就是，“合于利而动，不合于利而止”，这里的“利”有人解释为“利益”，事实上，本人认为那是不对的，这里的“利”应做“顺利”解，“顺利”也就是主动，“我实彼虚”，就是“顺利”，水从上往下流一样。反之，就不顺利，如果解释为“利益”，那敌人丢过来诱饵，此时“合于利”是不是也可以动呢，显然是不对的。

贾林在注释这段的时候说：“途虽近，知有险阻、奇伏之变而不由；军虽可击，知有穷蹙、死斗之变而不击；城虽势孤可攻，知有粮充、兵锐、将智、臣忠不测之变而不攻；地虽可争，知得之难守、得之无利、有反夺伤人之变而不争；君命虽宜从之，知有内御不利之害而不受。此五变者，临时制宜，不可预定。贪五利者，途近则由，军势孤则击，城势危则攻，地可取则争，军可用则受命。贪此五利，不知其变，岂惟不得人用，抑亦败军伤士也。”

他的意思是说，能不能由，能不能击，能不能攻，能不能争，能不能受，是要从多方面去考虑的，要从多方面的因素，综合起来衡量虚实，最后作出决定，而不单方面的以某一因素就判断可攻还是不可攻，以某一方面觉得可以行动，而不考虑其他因素，明显是掩耳盗铃的做法。

要变通，所以不能一根筋，不能思维定势，看待事物也要辩证地去看，所以，下面接着就说了，“是故智者之虑，必杂于利害，杂于利而务可信也，杂于害而患可解也”，要变通，就不能认死理了，要变通，就不能太执着了，如果太执着，那么，即使是好东西也要变坏的。比如廉洁是好东西吧，爱民也是对的吧，但过于执着于此，那就可能反要被人给利用了，由好变成不好了。因此，“必死可杀，必生可虏，忿速可侮，廉洁可辱，爱民可烦”，这五种危险，都是不知变通，固执的结果，为将领的可要不得。

说到这里，我们顺便提一下儒家的仁智勇，仁者爱人，爱民应该属于仁。事实上，仁也是分层次的，有真仁有假仁，比如执着于爱民，那就不是真仁了，只有仁而又知道变通才是真仁，这似乎不太好懂，我们换智勇来谈吧。智，即知，知其实也是分层次的，有真知，有假知，什么是真知什么是假知呢？执着于己见，叫假知，知而能变通叫真知，勇也一样，执着于勇，死而无悔，那是假勇，假勇必然是“必死可杀”的下场，唯勇而又能有所变通才是真勇，这问题谈起来有点大，这里稍微提一下，有兴趣大家可以去研究。

另外，孙子说，“泛地无舍，衢地合交，绝地无留，围地则谋，死地则战”，泛地为什么不能驻扎，因为泛地地势不好，驻扎在泛地，不利于我方实，衢地为什么要合交，因为合交有利于我方实，可以孤立敌人，其他都可以依此类推。它们无不是为了维持或制造“我实彼虚”的态势，也不脱离虚实二字。

行军第九

原　文

孙子曰：

凡处军相敌，绝山依谷，视生处高，战隆无登，此处山之军也。绝水必远水，客绝水而来，勿迎之于水内，令半渡而击之，利，欲战者，无附于水而迎客，视生处高，无迎水流，此处水上之军也。绝斥泽，唯亟去无留，若交军于斥泽之中，必依水草而背众树，此处斥泽之军也。平陆处易，右背高，前死后生，此处平陆之军也。凡此四军之利，黄帝之所以胜四帝也。凡军好高而恶下，贵阳而贱阴，养生而处实，军无百疾，是谓必胜。丘陵堤防，必处其阳而右背之，此兵之利，地之助也。上雨水流至，欲涉者，待其定也。凡地有绝涧、天井、天牢、天罗、天陷、天隙，必亟去之，勿近也。吾远之，敌近之；吾迎之，敌背之。军旁有险阻、潢井、葭苇、小林、翳荟者，必谨覆索之，此伏奸之所处也。

敌近而静者，恃其险也；远而挑战者，欲人之进也；其所居易者，利也；众树动者，来也；众草多障者，疑也；鸟起者，伏也；兽骇者，覆也；尘高而锐者，车来也；卑而广者，徒来也；散而条达者，樵采也；少而往来者，营军也；辞卑而备者，进也；辞强而进驱者，退也；轻车先出居其侧者，陈也；无约而请和者，谋也；奔走而陈兵者，期也；半进半退者，诱也；杖而立者，饥也；汲而先饮者，渴也；见利而不进者，劳也；鸟集者，虚也；夜呼者，恐也；军扰者，将不重也；旌旗动者，乱也；吏怒者，倦也；杀马肉食者，军无粮也；悬甀不返其舍者，穷寇也；谆谆翕翕，徐与人言者，失众也；数赏者，窘也；数罚者，困也；先暴而后畏其众者，不精之至也；来委谢者，欲休息也。兵怒而相迎，久而不合，又不相去，必谨察之。

兵非贵益多也，惟无武进，足以并力料敌取人而已。夫惟无虑而易敌者，必擒于人。卒未亲而罚之，则不服，不服则难用。卒已亲附而罚不行，则不可用。故合之以文，齐之以武，是谓必取。令素行以教其民，则民服；令素不行以教其民，则民不服。令素行者，与众相得也。

通　释

《行军》篇首先阐述了处山之军，水上之军，斥泽之军，平陆之军的行军之道，孙武说了很多，其实总结起来，就那一句，“凡军好高而恶下，贵阳而贱阴，养生而处实，军无百疾，是谓必胜！”意思就是，行军的根本就在于我方能占好优越的地势，不要待在不利的地方，也不要在处于不利之地战斗，而应在敌方处在地理劣势的时候出而胜之。可以看出，还是谋划我方之实，制造彼方之虚，也没有离开虚实两字。

篇中讲了一些判断敌方军情的东西，孙武总结说，“兵非贵益多也，惟无武进，足以并力料敌取人而已。”士兵并不一定就越多越好，为什么呢？在《作战》篇中已经说过，“日费千金，然后十万之师举矣”，多一个士兵，就要多一份粮食，士兵多了，明显不利于力量的积蓄，所以孙武也是主张精兵简政的，把多余的部分去发展生产，国力才会更强，否则只有消耗。当然，兵力也不是越少越好，那么要多少才合理呢，能保证取得胜利就可以了，由此可见，兵力还有武器的多少也是维持或创造“我实彼虚”的重要途径，养的士兵多了，要“实”起来很难，养的士兵少了，要“实”起来也很难，贵在合适，就像卖东西，太贵了卖不出去，便宜了虽然走量但没利润，其中必有个平衡点。

当然，用兵最关键的是，“惟无武进”，也就是不要盲目冒进，如果不分青红皂白，一味冒进，那么必定要打败仗的，那么进还是不进，标准是什么呢？实际上，又是虚实。也就是说，如果“我实彼虚”，那就可以进攻，如果“我虚彼实”，那就不能一味冒进了，打得赢就打，打不赢就跑，如果打不赢也要打，那么就“必擒于人”了。从这点来说，虚实之势又成了判断进退的标准，这些论述没有离开虚实二字也很明显。

最后，孙武论述了军队的执行力问题，为了保证军队的执行力，在军队管理方法上孙武主张恩威并施，并强调平时的训练和学习，“令之以文，齐之以武”，综合了儒家与法家的管理方法，既强调爱兵如子，强调士兵的教育，又强调组织纪律和严刑峻法，而且重视平时的训练和执行，这些主张，目的就一个，就是要增强军队的战斗力，也就是创造我方的“实”。

地形第十

原　文

孙子曰：

地形有通者、有挂者、有支者、有隘者、有险者、有远者。我可以往，彼可以来，曰通。通形者，先居高阳，利粮道，以战则利。可以往，难以返，曰挂。挂形者，敌无备，出而胜之，敌若有备，出而不胜，难以返，不利。我出而不利，彼出而不利，曰支。支形者，敌虽利我，我无出也，引而去之，令敌半出而击之利。隘形者，我先居之，必盈之以待敌。若敌先居之，盈而勿从，不盈而从之。险形者，我先居之，必居高阳以待敌；若敌先居之，引而去之，勿从也。远形者，势均难以挑战，战而不利。凡此六者，地之道也，将之至任，不可不察也。

凡兵有走者、有驰者、有陷者、有崩者、有乱者、有北者。凡此六者，非天地之灾，将之过也。夫势均，以一击十，曰走；卒强吏弱，曰驰；吏强卒弱，曰陷；大吏怒而不服，遇敌怼而自战，将不知其能，曰崩；将弱不严，教道不明，吏卒无常，陈兵纵横，曰乱；将不能料敌，以少合众，以弱击强，兵无选锋，曰北。凡此六者，败之道也，将之至任，不可不察也。

夫地形者，兵之助也。料敌制胜，计险隘远近，上将之道也。知此而用战者必胜，不知此而用战者必败。故战道必胜，主曰无战，必战可也；战道不胜，主曰必战，无战可也。故进不求名，退不避罪，唯民是保，而利于主，国之宝也。

视卒如婴儿，故可以与之赴深溪；视卒如爱子，故可与之俱死。厚而不能使，爱而不能令，乱而不能治，譬若骄子，不可用也。

知吾卒之可以击，而不知敌之不可击，胜之半也；知敌之可击，而不知吾卒之不可以击，胜之半也；知敌之可击，知吾卒之可以击，而不知地形之不可以战，胜之半也。故知兵者，动而不迷，举而不穷。故曰：知彼知己，胜乃不殆；知天知地，胜乃可全。

通　释

《地形》篇共五个段落，第一段讲了六种地形以及应该采取的策略，第二段阐述了六种应该避免致败的情况，第三段阐述了将军应该利用有利地形为我所用，第四段阐述了评估胜败要进行综合地衡量。

地形有通、有挂、有支、有隘、有险、有远六种。针对这六种地形，孙武提出了或进或退的不同策略，比如，通形地就应该首先占领好位置；挂形地在敌人没有防备时，我方可以一鼓作气胜之，如果敌人有防备，不能迅速取得胜利，就不能轻举妄动；支形地是敌我双方主动出击都不利的地形，所以应避免首先出击，而应该等敌方出击之后再趁其不利而胜之。

那为什么不同的地形要采取或进或退的不同策略呢？其实无非

也是为了制造“我实彼虚”之势罢了，通形地首先占领有利位置，是为了我方的实，而挂形地，敌人无防备，就进攻，是因为“我实彼虚”，支形地，避免首先出击，是因为首先出击的一方容易陷入不利，导致“我虚而彼实”的危险，其他地形及策略亦是同理。

致败的情况，孙武也列举了六种，有走、有驰、有陷、有崩、有乱、有北，走是敌我双方其他条件都差不多的条件下，以一击十；驰和陷是将领没有办法让将领与士卒在能力上协调起来，不是将拖士兵的后腿，就是士兵拖将的后腿；崩是小将不管输赢，因怒而战；乱是部队管理混乱；北是将领不能评估双方力量对比，盲目进攻。

那么，为什么这六种情况就一定将导致失败呢？其实也是因为是在“我虚彼实”的情况下而战的原因，比如走，其他条件（如士气、民心、将领能力等）都差不多的情况下，兵力多的一定是实，在这种情况下，还以一击十，显然是找死，当然，以一击十是从兵力数量上来说的，也不一定就不能取得胜利，能否取得胜利，还要看士气、民心、将领能力等因素的综合评估。综合评估起来是我实彼虚就能赢，是我虚彼实仍是输。又比如崩，不管能否打赢，也就是说不进行综合战斗力的评估，就轻易因怒而兴师，显然是输多赢少，归纳起来，六种致败之道，都是因为不知虚实，进退无常而导致的。

“夫地形者，兵之助也”，有利的地形是取得胜利的重要条件，所以作为将领，应该利用有利地形为我所用，为什么地形是取得胜利的重要条件呢？

这一点其实很好理解，有利的地形最终能让我方省力，站在好位置与对方战斗，用很少的力气就能对方打败，所以必须去争取，一旦拥有了有利地形，“我实彼虚”之势形成，就要抓住有利时机，迅速进攻并取得胜利。如果没有有利地形，“我虚彼实”，那么就是再想功成名就也不能轻易进攻，这就是所谓的“战道必胜，主曰无战，必战可也；战道不胜，主曰必战，无战可也”，这些都是以“我实彼虚”之势是否形成为标准的。

最后，孙武提出了几种评估胜利的要诀，评估是否能取得胜利，一方面要评估自己，另一方面也评估别人，评估自己和别人不仅要评估内在的因素，还要评估外在的因素（天地），为什么要那样呢？那是因为能否取得胜利，是敌我双方战斗力综合对比而决定的，拥有比较优势的一方就能取得胜利，既然是比较，那么评估一方是不行的。而且，战争是综合力量的较量，单单评估内在因素，也是不够的，应该把内在的因素（道、将、法）以及外在的因素（天、地）综合起来进行评估对比，才能得出正确的结论，而得出结论的依据也离不开虚实。

九地第十一

原　文

孙子曰：

用兵之法，有散地，有轻地，有争地，有交地，有衢地，有重地，有泛地，有围地，有死地。诸侯自战其地者，为散地；入人之地不深者，为轻地；我得亦利，彼得亦利者，为争地；我可以往，彼可以来者，为交地；诸侯之地三属，先至而得天下众者，为衢地；入人之地深，背城邑多者，为重地；山林、险阻、沮泽，凡难行之道者，为泛地；所由入者隘，所从归者迂，彼寡可以击吾之众者，为围地；疾战则存，不疾战则亡者，为死地。是故散地则无战，轻地则无止，争地则无攻，交地则无绝，衢地则合交，重地则掠，泛地则行，围地则谋，死地则战。

古之善用兵者，能使敌人前后不相及，众寡不相恃，贵贱不相救，上下不相收，卒离而不集，兵合而不齐。合于利而动，不合于利而止。敢问敌众而整将来，待之若何曰：先夺其所爱则听矣。兵之情主速，乘人之不及。由不虞之道，攻其所不戒也。

凡为客之道，深入则专。主人不克，掠于饶野，三军足食。谨养而勿劳，并气积力，运兵计谋，为不可测。

投之无所往，死且不北。死焉不得，士人尽力。兵士甚陷则不惧，无所往则固，深入则拘，不得已则斗。是故其兵不修而戒，不求而得，不约而亲，不令而信，禁祥去疑，至死无所之。

吾士无余财，非恶货也；无余命，非恶寿也。令发之日，士卒坐者涕沾襟，偃卧者涕交颐，投之无所往，诸、刿之勇也。故善用兵者，譬如率然。率然者，常山之蛇也。击其首则尾至，击其尾则首至，击其中则首尾俱至。敢问兵可使如率然乎？曰可。夫吴人与越人相恶也，当其同舟而济而遇风，其相救也如左右手。是故方马埋轮，未足恃也；齐勇如一，政之道也；刚柔皆得，地之理也。故善用兵者，携手若使一人，不得已也。

将军之事，静以幽，正以治，能愚士卒之耳目，使之无知；易其事，革其谋，使人无识；易其居，迂其途，使民不得虑。帅与之期，如登高而去其梯；帅与之深入诸侯之地，而发其机。若驱群羊，驱而往，驱而来，莫知所之。聚三军之众，投之于险，此谓将军之事也。

九地之变，屈伸之利，人情之理，不可不察也。

凡为客之道，深则专，浅则散。去国越境而师者，绝地也；四彻者，衢地也；入深者，重地也；入浅者，轻地也；背固前隘者，围地也；无所往者，死地也。

是故散地吾将一其志，轻地吾将使之属，争地吾将趋其后，交地吾将谨其守，衢地吾将固其结，重地吾将继其食，泛地吾将进其途，围地吾将塞其阙，死地吾将示之以不活。

故兵之情：围则御，不得已则斗，过则从。

是故不知诸侯之谋者，不能预交；不知山林、险阻、沮泽之形者，不能行军；不用乡导，不能得地利。四五者，一不知，非霸王之兵也。夫霸王之兵，伐大国，则其众不得聚；威加于敌，则其交不得合。是故不争天下之交，不养天下之权，信己之私，威加于敌，则其城可拔，其国可隳。

施无法之赏，悬无政之令。犯三军之众，若使一人。犯之以事，勿告以言；犯之以利，勿告以害。投之亡地然后存，陷之死地然后生。夫众陷于害，然后能为胜败。

故为兵之事，在顺详敌之意，并敌一向，千里杀将，此谓巧能成事。是故政举之日，夷关折符，无通其使，厉于廊庙之上，以诛其事。敌人开阖，必亟入之，先其所爱，微与之期，践墨随敌，以决战事。是故始如处女，敌人开户；后如脱兔，敌不及拒。

通　释

《九地》篇比较长，那么长的文言文，实在有点容易让人畏惧，其实，如果概括起来，也就讲了三件事，即“九地之变，屈伸之利，人情之理，不可不察也”！

第一件是九地之变。第一段和第五段都是谈九地之变的，“九地”也就是九种不同的战场。孙武认为，根据散地、轻地、争地、交地、衢地、重地、泛地、围地、死地等不同的战场，作为主将必须采取或攻或守的不同策略，如“散地则无战，轻地则无止，争地则无攻，交地则无绝，衢地则合交，重地则掠，泛地则行，围地则谋，死地则战”，“散地吾将一其志，轻地吾将使之属，争地吾将趋其后，交地吾将谨其守，衢地吾将固其结，重地吾将继其食，泛地吾将塞其阙，死地吾将示之以不活”。

第二件是屈伸之利。关于“屈伸之利”，曹操等人认为，人都有趋利避害本性，“人情见利而进，见害而退”，“未见便则屈，见便则伸”，他们似乎是针对士兵，也就是人的本性来说的。事实上，孙武说的不仅指的是单个人，还包括整个军队，整个部队的趋利避害，也就是打得赢就打（伸），打不赢就跑（屈），屈是为了伸，跑是为了打，而不是逃跑主义，投降主义。

这里讲的，实际上是要说明的是，我们要懂得一定程度上“屈服”的价值，屈伸之利，与“以迂为直，以患为利”的意思是一样的，换句话说，“屈伸之利”，也就是以屈为伸，以退为进，那么，体现在什么地方呢？体现在最后一段，“故为兵之事，在顺详敌之意”，敌人想怎么样，我先给他，顺着他的意思来，“将欲取之，必先予之”，待其锋芒消退后，再集中兵力进攻，来他个措手不及，这也叫“因其势而利导之”。表面上，我们是屈，是退，是给，是不利，我们就要借着这个势头，化不利为有利；并且，后面说的“始如处女”“后如脱兔”，意义也是一样，讲的都是屈伸之利，前者是屈，在敌人面前示弱，后者是伸，突然之间变得强大起来，这些都是来自道家的智慧。

第三件是人情之理。第三、四、六段都是讲人情之理，那么到底讲了什么人情之理呢？其实说的也是人趋利避害的本性，能够生必定不想去死，能安逸必定不想去奋斗，如此一来，把士兵赶到战场上，人人都想活，都想着逃生，都想着看哪里有没有退路，你找你的退路，我找我的退路，那谁还会去死战？都不去死战，那胜利又从何而来？办法只有一个，既然人人都是趋利避害的，那么现在就设法让“死战”成为士兵的最佳选择，“投之无所往，死且不北，死焉不得，士人尽力”，也就是说，除了英勇奋战，别无选择。与其被人打死，不如奋战而死，这样的话，个个都会战死到底了。作为将军，就是要懂得人这个趋利避害的本性，并且能加以利用，“帅与之期，如登高而去其梯”，把部队派出去，然后断了他们的后路，让他们除了死战之外，没有多余的想法，士兵若还有其他逃生的选择，易于互相推诿，到那个时候，什么“命令”也是无济于事的。“投之无所往”，为了能活命，个个都愿意为自己而战，那就不用命令了，所谓“不修而戒，不求而得，不约而亲，不令而信”！

上面我们粗略地过了一下《九地》篇的内容，让大家“知其然”是本文的初步，让大家“知其所以然”才是我们真正的目标，因此，下面我来分析一下孙武的主张。

首先，对于不同的战场为什么要采取不同的策略呢？那是因为不同的战场，各种因素都发生变化，所以策略也必须跟着变化，比如，“散地”，为什么不能战呢？那是因为士兵在“散地”，恋家而无心于战，不容易形成士气，没有士气，就不容易形成“我实彼虚”之势，没有形成“我实彼虚”之势，是不能轻易出战的。所以，此时将军的任务就是设法让士兵统一意志，“散地吾将一其志”，让大家把心思都放在战场上，才能保证创造“我实彼虚”之势；又比如“争地”为什么不能攻呢？首先应明白什么是“争地”，“我得亦利，彼得亦利者，为争地”，也就是说，谁得到那块地盘，都能给那一方增添几倍的实力，既然现在已经被人夺走了，明显我方实力不如人，是“我虚彼实”，既然如此，为什么还要去攻呢？其他都可依此类推，道理都一样的，没一个离开得了虚实。

其次，为什么要“顺详敌之意”，要以屈为伸呢？关于这一点，我们在谈“以迂为直”的时候，谈了很多，大家可以去参考，道理都是一样的，都是道家的谋略。我们“屈”，而“屈”的发展方向是“伸”，让敌方“伸”，好比弹簧，“伸”不可能一直“伸”下去吧，发展到了极点，必然向相反的方向发展，“伸”之后必然是“屈”，屈而伸则实，伸而屈则虚。对方一拳打过来，我顺着力量的方向退让，拳头的力量再大，也有变成强弩之末的时刻，此时我方屈得也差不多了，力量积蓄得也差不多了，再出其不意反击对方一拳，结果不言而喻。实际上，屈伸之利，也就是虚实之间的变化。

最后，人情之理。孙武为什么要利用人性呢？为什么要“投之无所往”，为什么要“登高而去其梯”，为什么要“犯之以事，勿告以言，犯之以利，勿告以害”？“投之无所往”的目的就是让士兵除了死战别无选择，那么士兵的注意力才能集中到一块来，注意力集中到一块，才能形成士气，才有利于我方的“实”，否则，个个都打自己的算盘去了，一盘散沙，貌合而神离，是打不了仗的。“登高而去其梯”“犯之以事，勿告以言，犯之以利，勿告以害”也一样，前者是断了他们的后路，把其他求生的路全关闭，只留一条死战而生的路，后者的目的与“愚士卒之耳目，使之无知”差不多。这句话，很多人权分子看了很反感，就像反感孔子的“民可使由之，不可使知之”一样，认为它是愚民思想，但事实上，在战场上，士兵如果考虑得太多，你想你的，我想我的，那就一定不利于命令的执行。军队要求的最重要的是服从命令，听到命令执行下去就行了，不要你去想利害得失，利害得失是将军去想的事情，因此这两句话的目的，也就是“使民不得虑”，除了服从命令，没有过多的想法，如此的话，才能形成战斗力和执行力，才有利于我方的“实”。若没有愚民，个个都聪明，人人都是“将军”，你想你的，我想我的，我认为这样好，你认为那样好，最后你走你的路，我走我的路，形成不了合力，于取得胜利又有何益?

火攻第十二

原　文

孙子曰：

凡火攻有五：一曰火人，二曰火积，三曰火辎，四曰火库，五曰火队。

行火必有因，因必素具。发火有时，起火有日。时者，天之燥也。日者，月在箕、壁、翼、轸也。凡此四宿者，风起之日也。凡火攻，必因五火之变而应之：火发于内，则早应之于外；火发而其兵静者，待而勿攻，极其火力，可从而从之，不可从则止。火可发于外，无待于内，以时发之，火发上风，无攻下风，昼风久，夜风止。凡军必知五火之变，以数守之。

故以火佐攻者明，以水佐攻者强。水可以绝，不可以夺。

夫战胜攻取而不惰其功者凶，命曰“费留”。故曰：明主虑之，良将惰之，非利不动，非得不用，非危不战。主不可以怒而兴师，将不可以愠而攻战。合于利而动，不合于利而止。怒可以复喜，愠可以复悦，亡国不可以复存，死者不可以复生。故明主慎之，良将警之。此安国全军之道也。

通　释

在《火攻》篇中，孙武首先介绍了火攻的 5 种对象以及火攻必须具备的条件，并且还指出，在火攻中应根据不同的具体情况，制定不同的策略，该出手的时候就及时出手，要等待时机的时候就一定要等待。“必因五火之变而应之”，在篇末，孙武重点提出必须慎战的思想，“主不可以怒而兴师，将不可以愠而攻战，合于利而动，不合于利而止。怒可以复喜，愠可以复悦，亡国不可以复存，死者不可以复生。”全篇内容不多。

那么，火攻是为了什么呢？用火烧掉敌方的人，敌方的仓库，敌方的粮食，敌方的部队，烧掉了就没有了，敌人人心惶惶，很显然，就是为了削弱敌方的实力，更重要的是要让敌方乱成一团，敌方的力量损耗了，乱成一团，交起战来必定不能形成合力，就能形成“我实彼虚”之势，我方在这种局势中就能取胜。

当然，用了火攻，未必一定就能让敌方乱成一团，没有乱成一团，那么，“我实彼虚”之势也未必能形成，所以应根据不同情况不同的方式对待。火攻开始，要乘敌方很混乱很慌张的时候进攻，“火发于内，则早应之于外”，不能太早，也不能太晚，早了，烧得还不够，晚了，人心已定，都不行；若发起火攻，敌人依然很安静，那么就更加要小心了，要摸清是否可以进攻，否则就不能轻举妄动，一句话，还是以是否真正形成了“我实彼虚”的局势为判断标准。

为什么对待战争要慎重呢？前面已经讲得很多了，战争是要损耗力量的，不是开玩笑的，杀人一万，自损三千，所以要慎重又慎重，能打赢才打，即“合于利而动，不合于利而止”。发起了火攻后，都还需要再评估一下，确信能打赢才打，不能确定，那么就还是等待时机吧，即使敌人再怎么用激将法，都不能意气用事，都不能贸然就发动进攻，作为将领要能自律，否则，很容易就“必擒于人”，等打了败仗，血流成河了，那么就为时已晚了。

全篇也没有离开虚实二字。

用间第十三

原　文

孙子曰：

凡兴师十万，出征千里，百姓之费，公家之奉，日费千金，内外骚动，怠于道路，不得操事者，七十万家。相守数年，以争一日之胜，而爱爵禄百金，不知敌之情者，不仁之至也，非民之将也，非主之佐也，非胜之主也。故明君贤将所以动而胜人，成功出于众者，先知也。先知者，不可取于鬼神，不可象于事，不可验于度，必取于人，知敌之情者也。

故用间有五：有乡间，有内间，有反间，有死间，有生间。五间俱起，莫知其道，是谓神纪，人君之宝也。乡间者，因其乡人而用之；内间者，因其官人而用之；反间者，因其敌间而用之；死间者，为诳事于外，令吾间知之而传于敌间也；生间者，反报也。故三军之事，莫亲于间，赏莫厚于间，事莫密于间，非圣贤不能用间，非仁义不能使间，非微妙不能得间之实。微哉微哉！无所不用间也。间事未发而先闻者，间与所告者兼死。凡军之所欲击，城之所欲攻，人之所欲杀，必先知其守将、左右、谒者、门者、舍人之姓名，令吾间必索知之。敌间之来间我者，因而利之，导而舍之，故反间可得而用也；因是而知之，故乡间、内间可得而使也；因是而知之，故死间为诳事，可使告敌；因是而知之，故生间可使如期。五间之事，主必知之，知之必在于反间，故反间不可不厚也。

昔殷之兴也，伊挚在夏；周之兴也，吕牙在殷。故明君贤将，能以上智为间者，必成大功。此兵之要，三军之所恃而动也。

通　释

《用间》篇是《孙子兵法》的最后一篇，《用间》篇比较好懂，就是讲间谍，孙武首先对那些花了大量的银子和精力发动战争，但到了关键时候，却舍不得花一点小钱来获取情报的做法做了生动的描绘，并指出那些取得非凡战功的明君贤将无不是在充分掌握情报的情况下取得的。情报的获得不能依赖于鬼神，不能类比于事，也不能靠数字推理，必须依靠人（也即间谍）去获取。篇中还论述了5种不同类型的间谍及应用方法，且认为“非圣贤不能用间，非仁义不能使间，非微妙不能得间之实”，篇末孙武把用间提高到了一个相当的高度，那就是“三军之所恃而动也”，即是说军队的一切行动都要依据间谍提供的情报而定。

那么，孙武为什么要强调要花重金厚禄用间呢？事实上，也是由制胜根本之道——以实击虚的根本规律决定的。我们知道，孙子讲，知彼知己，百战不殆。但知彼知己也不能光靠说知就能知，而是得用人去“知”，去获取信息才行。用间谍获取到了敌方的信息，目的就是要摸清对方的虚实，然后对比自身的战斗力量，互相衡量一下，才能知道可战不可战，如果“我实彼虚”则可战，如果“我虚彼实”，说什么也不能战，而且要尽量避免，“少则能逃之，不若则能避之”。因此说，情报信息用来判断双方的虚实，双方的虚实决定了军队的攻守行动，“三军之所恃而动也”，这也是现代的企业为什么要不惜成本地去信息化，建立情报系统的原因。只有充分地了解了对方，才有可能制定有效的策略，也只有充分了解的对方，才能进行彼此之间的实力评估对比，进而决定战与不战，否则就是意气用事，凭感觉用兵了，能不能胜，与买彩票一样难以捉摸，国家的命运，士卒的安危岂能寄托在运气之上？

事实上，那些屡获战功的“明君贤将”，为什么每次都能取得胜利呢？其实道理很简单，那就是他们都进行了周密的分析，充分的评估，对比双方力量之后，料定一定可以取得胜利才动手，否则根本就不动。如此，自然没有败仗记录了，如果不如此，打得赢也打，打不赢也打，对比起那些只打能打赢的仗的明君贤将，必定有胜有败了，这一点，我们在开篇就谈到过。

那为什么说，“非圣贤不能用间，非仁义不能使间，非微妙不能得间之实”呢？

那是因为间谍如此重要，关系到整个国家和军队的安危，但人心险于山川，只有圣贤才能知道谁可以用来做间谍，而谁又不能，也只有圣贤才能以仁爱获得间谍们的心，又能以义气激发间谍的节，最后，间谍们提供的情报是否属实，也需要高超的技巧和智慧才能辨别得出来。其实这里孙武无非就是告诉我们，用间，也不是那么简单的，是一个高难度的智慧活，否则不仅不能获得真实情报，可能反而被间谍给利用了。

说了那么多，其实，就一句话，用间的目的就在于知彼知己，知彼知己的目的在于衡量双方的虚实，知道了虚实，才知道可战不可战，如此而已！

《孙子兵法》的思想体系

到这为止，我们把《孙子兵法》粗略地过了一遍，之所以只是粗略地过一遍，是因为我们暂时的目的不是去细究《孙子兵法》里面的细节，而是要从整体上把握《孙子兵法》的思想体系或框架。在没有学习《孙子兵法》之前，我们已经按照生活经验，设想了兵法应有的框架，并想通过本篇的学习来验证一下，《孙子兵法》是否超出了这个框架图，事实告诉我们，《孙子兵法》完全没有脱离这个框架图。进一步讲就是，不管《孙子兵法》里面有什么观点、方法或原则，没有一条能脱离为了制造“我实彼虚”之势，最终实现战斗的胜利乃至全胜的逻辑体系。

因此，我们最终可为《孙子兵法》的思想体系总结为：《孙子兵法》即是以全胜为目标，以谋取“我实彼虚”的主动地位为核心，以知彼知己因利制权为方法，以道天地将法为内容的逻辑体系（见图8）。

全胜是目标好理解，孙子的理想是“全胜”，是大胜，不是简单的胜利，不是百战百胜。我们说，全胜是一种大家和睦相处的政治理想，而要实现“全胜”，至少要有绝对的实力去维护这个秩序，能

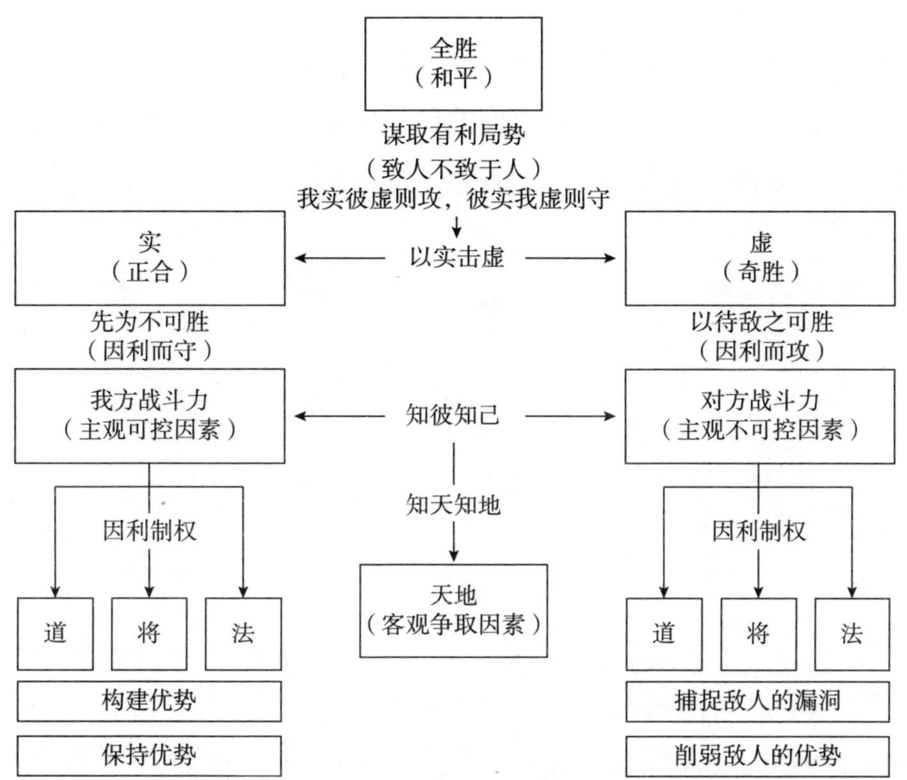

图 8　《孙子兵法》的思想体系

在战争中取得胜利，否则，就是空想。而要取得战争的胜利，根本在“以实击虚”，因此，就必须制造“我实彼虚”之势，而这也是一切军事工作的核心，而要制造“我实彼虚”之势，就必须对双方的情况进行了解，并根据具体情况采取相应的“让我实”或“让我虚”的策略。尽管“让我实”或“让彼虚”的方法有些是平时采取的战略措施，有些是临时采用的战术方法，但都必须依据具体的情况来制定，所以，我们称为“因利制权”，而这里的“利”就是指“我实彼虚”之势，“权”就是权变，也就是说，一切权变都是效忠于“我实彼虚”之势的。而且，不管是为了“让我实”还是“让彼虚”，也不管是战略上采取的措施，还是战术上采用的方法，他们的着力点基本上都是围绕道、天、地、将、法五个方面进行的，也就是说，战争最终就是这五个方面的综合较量，无论是要增强自己的实力，还是削弱敌人的实力，都是从这五个方面着手的。

第四篇

提升——最高谋略是道德

《孙子兵法》的内容扼要在第二篇我们过了一下，如果在梳理的过程中，我们真在那张框架图上对照原文填东西，想必也已经填得满满的了。那么多内容在里面，显得有点凌乱，我们有必要再来梳理总结一下，不过，在梳理之前，我们还是得把两个概念重申一遍，那就是战斗与战役的概念，在前面谈共产党如何以少胜多战胜国民党，以星星之火，引发燎原之势的时候提到过，现在我们再来着重提一下。

战斗与战役

我们知道，一个国家倾其所有兵力与另一个国家的所有兵力，在一个战场进行一次性的大型战斗是很少的，实际也是不太可能。大部分战争都是以自己部分兵力与敌人的部分兵力，分开在不同的战场，不同的时间进行较量的。好比田忌赛马，三匹马是各自的所有兵力，但战争不是三匹马一起同时上阵的，而是分开与对方进行较量的。也正因为如此，才有了以少胜多的可能，要不然，倾所有兵力与对方的所有兵力进行较量，根据以实击虚的原理，实力强大的肯定胜过兵力弱小的，何来以少胜多、以弱胜强？

但事实上，正是因为大部分战斗都是分开的战斗，才给弱小的一方有了集中优势兵力，攻击对方薄弱之处的机会，即使对方从整体上是胜过我方，但对方的力量分布必然不会集中在一个地方，而是分散在不同的地方，一分散，我方就有了集中兵力各个击破的机会。通过一次次各个击破，慢慢蚕食敌人的实力，最后整体上的实力对比也必然会发生转变，这也就是以弱胜强的方法。当然，若我方整体实力本来就比对方强，但是，我方的力量也不可能集中在一地方，因此，也就必须提防敌人以同样的方法来对付我们的虚弱之处。

因此，我们可以给战斗与战役作一个区分，以一匹马对抗另一匹马就是战斗，整体上三局两胜就是战役，要取得战斗的胜利，除了以实击虚，即除了我方的综合实力比对方强，别无他途；而取得战役的总体上的胜利，却可以以少胜多，以弱胜强，总体上的胜利是由众多的以实击虚的小胜利累积而成。因此，每一次与敌人的战斗就像是天平两端的力量较量一般，为了能在本次较量中重过对方，从而取得胜利，我们必须在人力、物力、财力等各种要素上，一方面尽量让我方的力量集中起来，并让各种资源得到恰当的组合和使用，让各种资源发挥最大的效用，在《孙子兵法》里面称之为“合”。在现代管理学中，这个叫作资源的组织和分配，在企业管理中，为了达到近期的主要目标，企业的管理者一定会在人力、物力等资源的分配上，重点向某方面倾斜，而不是平均主义。除此之外，另一方面是通过一定的方法，让与我方作战的对方力量分散开来，在《孙子兵法》里面称之为“分”，故有“兵以诈立，以利动，以分合为变”之说，本质上就是通过分合的变化，以形成我实彼虚之势（见图9）。

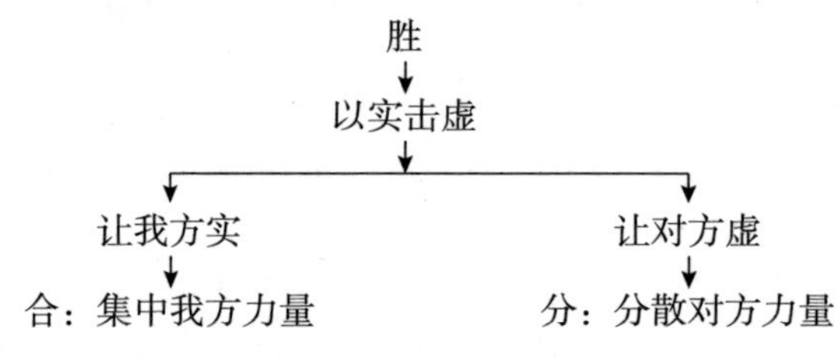

图9　作战中的分与合

运筹帷幄

假定现在我们就是一位元帅或将军，眼下就要跟敌国进行一场战斗，而取得战争胜利的根本方法是“以实击虚”，因此，我们首先要做的就是谋取“我实彼虚”之势，而谋取“我实彼虚”之势，首先就必须“让我方实”。而“让我方实”的最简单方法，就是调遣机动力量，把其他地方的兵力调集到一块来，当然，这里指的兵力不但包括人员数量，还包括武器、粮食储备等资源，也就是通过分配机动的兵力，选择精锐的部队，选用先进的武器，选择优秀的将领等方法，甚至还可以把别的地方的防守部队也聚集在一块来，以壮大我方的作战力量，这是最简单的方法，简单得连《孙子兵法》其实都没有明说，只是用了一个“合”字顺带说明了一下而已。

当然，除此之外，为了让我方力量占有优势，《孙子兵法》提出了很多临时就可以拿来用的方法或战术，下面我们把主要的几点罗列一下。

第一，占领有利地形。《孙子兵法·地形》说，“夫地形者，兵之助也”，占领有利的地势，就能以逸待劳，我方地势顺，省力，对方地势逆，耗力，这是“让我方实”的方法，这是治力。红军选择井冈山作为根据地，看中的也就是它险要的地势，一夫当关，万夫莫开，在其他方面处于劣势的情况下，只有通过地利来弥补。

第二，联合外交。《孙子兵法·谋攻》说，“上兵伐谋，其次伐交”，《孙子兵法·九变》说“衢地合交”，《孙子兵法·九地》说，“衢地吾将固其结”，这都是借用外力来壮大自己，孤立敌人，甚至可以直接借用外力杀敌，三十六计上称之为“借刀杀人”，这也是“让我方实”的方法。建立统一战线，联合一切可以联合的力量，也是壮大自己，孤立敌人的重要方法。诸葛孔明联吴抗曹、三十六计之远交近攻皆为此道，远交近攻，好比在三个人的群体里发生打架事件，其中一人能把第三人拉拢过来，是最直接增加实力的方法，是借用第三方力量以增强实力的方法，类而推之，在一个组织团队里，一方要能否战胜另一方，很大程度上也是取决于中间力量站在哪一边。

第三，恰当的排兵布阵。《孙子兵法·兵势》说，“形圆而不可败”，说的是部队的排兵布势很严密，无懈可击，敌人找不到突破的虚弱之处，这也是“让我方实”的方法。这方面古代兵法有专门的研究，比如诸葛亮的“八卦阵”，是一种严密的防守阵形，在冷兵器时代，这一点是很重要的，它能让一个群体形成一个统一体，前后相连，首尾照应。

第四，鼓舞队伍的士气。《孙子兵法·作战》说，“杀敌者，怒也，取敌之利者，货也”。《孙子兵法·军争》上说，“朝气锐，昼气惰，暮气归”，将领一方面要激发士兵的怒气，同仇敌忾；另一方面要利用自己的锐气，因为士兵的状态一定程度决定了士兵潜能的发挥，也很大程度上决定军队的战斗力，这是治气。我用田单激怒士卒伐燕救齐与乐毅施仁术软化对方军心的故事来说明。

公元前284年至公元前279年，燕国的将领乐毅率领兵马几乎灭了齐国，仅剩莒和即墨两座孤城未能攻克。此时，乐毅认为单凭武力，即使攻下了城池全部占领齐国，却不能服其心，民心不服，占领了也无法巩固。所以他对莒城、即墨采取了围而不攻的策略，对已攻下的地区通过实行减赋税，废苛政，尊重当地风俗习惯，保护齐国的固有文化，优待地方名流等收服人心的仁义措施，想从根本上瓦解齐国，但后来被田单用反间计使得乐毅被废除职务，改派骑劫为将领而功败垂成。

田单造谣说：“齐国城邑没有攻下的仅剩下的两个城邑，但是不及早拿下来的原因，听说是乐毅与燕国新即位的国君有怨仇，乐毅断断续续用兵故意拖延时间姑且留在齐国，是准备在齐国称王，齐国所担忧的，只怕别的将领来。”当时燕惠王本来就已经怀疑乐毅，又受到齐国反间计的挑拨，就派骑劫代替乐毅任将领，召回了乐毅。

此时田单又再用计激怒士卒，先是佯装神来助齐，以振奋城中军民人心。其后，田单又用激将法，宣称齐人怕被劓刑，结果骑劫把齐人俘虏、降者处以劓刑，不知已经激怒了齐人之心，田单又宣称齐人怕先人的坟墓被掘出来，并火烧尸体，若这样做，齐人必定投降，结果骑劫再度中计，又做这样的事，结果再激发人心，齐军同仇敌忾。

其后，田单佯装城中军力虚弱，快要投降，并送金、降表出城，要求破城不要掳掠。骑劫第三次中计，加上燕军都十分轻敌，骑劫竟然嚣张到自称比乐毅更厉害。田单就趁机收集牛只，聚得千余只，画上五花彩纹、披上土黄色绸缎、牛角扎刀，牛尾绑了用油浸过的苇草。田单凿开城墙十余个出口，于夜间布置妥当，准备了五千士兵，放牛出城并且点燃绑在它们尾上的苇草，牛群疼痛不已，猛力向前冲，突袭燕营。燕军将士见此，以为神兵天降，田单又聚集妇孺齐敲铜器战鼓，声音震天动地，吓得燕军将士溃不成军，骑劫亦死于乱军之中，田单率兵乘胜追击，收复了齐国七十余座城，打败了燕军，燕军一直溃逃到河上。

第五，水火佐攻。这是指利用水火的力量，辅助进攻，《孙子兵法·火攻》有专门地阐述，有了水火的辅助，就像多了一门武器一样，而且还是个势不可当的武器，有利于我方“实”，不言自明。

第六，选择有利时空，这是天时。《孙子兵法·始计》说，“天者，阴阳，寒暑，时制也”，对于“天”到底是什么，有很多说法。事实上，除了看得见的天气外，还有一股神秘的力量，犹如磁场一样，利用好这股力量，可以增加成功的可能性，古代兵法讲究坐孤击虚就是这个道理，太公根据五音行兵便是此道。

武王问太公曰：“律音之声，可以知三军之消息，胜负之决乎？”

太公曰：“深哉！王之问也。夫律管十二，其要有五音：宫、商、角、徵、羽，此真正声也，万代不易。五行之神，道之常也。金、木、水、火、土，各以其胜攻也。古者三皇之世，虚无之情，以制刚强。无有文字，皆由五行。五行之道，天地自然。六甲之分，微妙之神。其法：以天清静，无阴云风雨，夜半遣轻骑往至敌人之垒，去九百步外，遍持律管当耳，大呼惊之。有声应管，其来甚微。角声应管，当以白虎；徵声应管，当以玄武；商声应管，当以朱雀；羽声应管，当以勾陈；五管声尽不应者，宫也，当以青龙。此五行之符，佐胜之征，成败之机也。”

武王曰：“善哉！”

太公曰：“微妙之音，皆有外候。”

武王曰：“何以知之？”

太公曰："敌人惊动则听之：闻桴鼓之音者，角也；见火光者，徵也；闻金铁矛戟之音者，商也；闻人啸呼之音者，羽也；寂寞无闻者，宫也。此五者，声色之符也。"

——《六韬·五音》

第七，恰当的人才分工。这一点《孙子兵法》上没有明确说明，但是，我们从"五事"中的"法"，也即"曲制，官道"中，其实是可以嗅到一点人才的组织分工的味道，这一点姜太公的《六韬》上有一些论述。我们知道，用人之所长，并把每个人的优点整合起来，就能达到"1 + 1 > 2"的效果，这也是"让我方实"的方法之一。

第八，革其谋，使人无识。这一方面是为了保护军事机密不外露，其实更重要的就是让士兵没有过多的想法，除了执行还是执行。服从命令是军人的天职，要是各有各的想法，那么就会狐疑，有的认为该前进，有的认为不该后退，步调很难真正一致，士兵没有过多想法，只有服从，步调一致，战斗力就能形成，这与拔河比赛中，一齐用力的道理是一致的。

第九，投之无所往。《孙子兵法·九地》说，"投之无所往，死且不北。死焉不得，士人尽力。兵士甚陷则不惧，无所往则固，深入则拘，不得已则斗。""投之亡地然后存，陷之死地然后生"，就是利用人的趋利避害本性，有好的出路，一定不会去送死。所以，在战场上，就是要制造那种除了奋死搏斗，就别无选择的境地，不奋死搏斗就得死，奋死搏斗还有可能生，那么此时，大家都会为了活着而奋力拼搏，这是激发个人潜能，提升队伍战斗力的方法。历史上韩信背水一战、商鞅变法、霸王破釜沉舟同为此道。

商鞅变法虽然是讲政治改革，但其奖励耕战，明必死之路，开必得之门的方法与兵法之投之无所往是一致的，营造一种大家只有努力种田努力打仗才有饭吃，除此之外都没有出路的环境。

第十，明赏罚，严纪律。《孙子兵法·始计》中说，“法令孰行”“赏罚孰明”，只有纪律严明的部队，才能真正达成步调的一致，形成合力，而赏罚也是行动一致以及激发潜能的有效保证。人为财死，鸟为食亡，重赏之下，必有勇夫。

从上面的这些手段或做法来看，我们会发现，让我方实力壮大起来的途径，无非就两种。

一种就是尽可能地调动更多的资源集中起来，包括人力、物力、财力等资源，方法一、二、五、六是此类。

另一种方法就是把人力、物力、财力用在恰当的地方，以及恰当的使用，尤其是将领和士兵这一人力资源。我们说，人力资源是有弹性的，使用得好与不好，组织得好不好，效能的发挥有天壤之别。人力资源的管理，实质上就是激发人的潜能的管理，其他资源的有效利用，也是同理，把人力、物力、财力等资源通过合理的组织和使用，就能取得更好的效益，方法三、四、七、八、九、十即是此类。

临战时，为了能形成“我实彼虚”的比较优势，我们一般会调动各种资源，集中起来，就像调动各种筹码集中起来，让天平的这一边压过对方的那一边的筹码一般，我们说，运筹帷幄，实际上就是在帷幄之中，对各种战斗力量和资源的调遣。

筹，古代的意思就是“算筹”，筹也就是算，也就是筹码，而运就是调遣，运筹，就是调遣资源，在现代管理学中，运筹，也就是资源的配置。

《孙子兵法·始计》中说，“夫未战而庙算胜者，得算多也；未战而庙算不胜者，得算少也。多算胜少算不胜，而况于无算乎”，第一个算，是庙算的算，是估计的意思，第二个算，是得算多，得算少的算，是算筹的意思，也就是说，先估计一下，各自的资源和实力，实力强的，筹码多的就能胜，少的就不胜，一点筹码和实力都没有就更不用说了。

因此，我们说，为了达成目标，最简单的方法就是集中所有的资源，包括人力、物力、财力，甚至人的注意力或精力，都专注于这个目标，尤其是本来资源就薄弱的时候，更是应该集中力量。此时，若对手有多个目标，从而分散了资源和自身的精力，那么“我实彼虚”之势就容易形成，而我们就容易取得胜利，这也就可以解释狐狸与刺猬的故事，为什么傻傻的刺猬能够胜过聪明的狐狸，原因就在于狐狸太聪明了，想法多，目标也多，精力分散；而刺猬虽然笨了点，没有过多的想法，只知道傻傻地专注于一个目标去做，反而精力集中，“我实彼虚”之势形成，胜过心志分散的狐狸也是理所当然的。

让对方虚

要形成比较优势，除了“让我方实”，另外一种方法就是“让对方虚”，“让我方实”的最简单方法是“合”，也就是把兵力和资源集中起来，专注于目标，类而推之，“让对方虚”的最简单方法，无疑就是让与我方作战的敌人兵力分散开来。但是，对方的兵力调遣完全掌握在对方的将领手里，凭什么办法才能让对方的兵力分散而不是集中呢？这里，我也归纳了一下《孙子兵法》里面的一些战术和方法。

第一，能而示之不能，用而示之不用。这种方法我们在分析原文时候谈过，也就是通过以退为进这种变化的方法，制造假象，麻痹对方，让对方大意，放松警惕，进而没有集中力量在该防守的地方进行防守。三十六计之假痴不癫、瞒天过海、金蝉脱壳、笑里藏刀以及孙膑减灶灭庞涓、郑武公伐胡、曾国藩功高盖主种花写家书、韩信求田问舍、刘备装作怕打雷、河间献王归即纵酒等典故皆为此道。

假痴不癫就是装疯卖傻，在自己实力不够的时候，通过装疯卖傻来麻痹对方，制造暂时的比较优势，从而获得一条生路。这些能而示之不能的方法，既可用在军事上，也可用在平时的工作及生活中，军事上的案例可以看孙膑减灶灭庞涓和郑武公伐胡，工作和生活中的案例可以看曾国藩，也可以看孙膑，前面讲过的孙膑就是通过装疯卖傻，以“能而示之不能”的方法逃脱的。另外仔细去品味一下曾国藩功高盖主转而种花写家书、萧何求田问舍、刘备装作怕打雷、河间献王归即纵酒的故事也都是一个道理，在主子面前逞能，必定让主子起疑心，进而激发其积聚力量杀之而后快之心，因此，功高盖主最好的自保方法就是功成身退，守柔居谦，通过守住柔弱的方法，来打消对方的顾虑和怀疑，“求田问舍，原无大志，掀天揭地，方是奇才”，说的就是萧何通过表达想要点田土，要点房产，别无所求的手法，来化解刘邦对自己的戒心。拿现在的话来说就是，有房有车就够了，其他东西不敢奢望，刘邦如此才对位高权重的萧何消除戒心。相反，韩信不知如此，最终就没有逃脱被怀疑、兔死狗烹的命运，其时韩信已经因反叛之事被杀，作为同是威望极高的创业元老，接下来的怀疑对象，自然轮到萧何。此时高祖看似给萧何加官晋爵，配以部队加以保护，实际上是起了疑心加以监控，危险之至，幸亏萧何听取说客的建议，广散家财以充当军费，并且通过购买田地，低价赊购、打白条、贪污等方式来玷污自己的名声，看到如此，高祖才放心下来，认为萧何也就只不过如此而已，并无更为远大的“志向”。另外，在这里我们再来简单讲一下郑武公伐胡的故事。

> 从前郑武公想要攻打胡国，因此就故意先把自己的女儿嫁给胡国的国君，用这个办法来使胡国的国君安心，然后郑武公故意还问大臣们说：“我要用兵，可以讨伐谁?”大夫关其思回答说：“可以讨伐胡国。”郑武公假装大怒并且责骂了关思其，说：“胡国，是我们兄弟之国，你说讨伐它，是什么居心?”还把这件事传播到胡国，后来胡国君主知道了这件事，从此真正把郑武公当作自己的亲人，而且不再防备郑国，而郑国恰好利用了这一点攻打胡国，轻而易举地占领了胡国。

第二，近而示之远，远而示之近。这种战术是以通过制造假象的手段，让对方决策错误，导致该防守的地方没有防守，产生了空隙，而不需要防守的地方去守了个空，用三十六计的话说，就是声东击西，我们要进攻西，就先扬言要进攻东，这也是“让对方虚”

的方法。三十六计之假道伐虢、暗度陈仓皆为此道。

第三，难知如阴。《孙子兵法·军争》上说，“不动如山，难知如阴”，《孙子兵法·虚实》上说，“形人而我无形”，那么，为什么要如此“低调”和隐秘呢？古话说得好，遇事不开口，神仙难下手。行动隐秘，那么敌人就不知所应攻，不知所应守，不知所应攻，就不敢轻易进攻，不知所应守，那么就处处得防守，处处防守，力量自然就分散开来了。

第四，利而诱之。假如敌人贪利，那么就可以通过利诱的办法，调动敌人，分散敌人的注意力，进而创造空隙，猴子能调虎离山，自己就可以做霸王。三十六计之李代桃僵、调虎离山、上屋抽梯皆为此道，统统都是牺牲小诱饵，换取大鱼的做法。

第五，亲而离之。这是直接以离间的办法，破坏敌人内部的团结，以达到让对方虚的目的。三十六计称之为离间计。上面提到的田单以离间计造谣说乐毅不攻下剩下的那两座城池是故意的，以此来离间乐毅与燕王之间的关系。

第六，攻心伐谋。敌人有信心发动战争，必然有所恃，挠之而使乱，激之而使惑，迫之而使惧，让对方的将领及士兵信心动摇；一旦信心动摇，又可反过来壮大我方的军威，那么“我实彼虚”之势也就容易形成，这是攻心。三十六计之釜底抽薪以及耿弇讨张步是为此道。

东汉开国将领耿弇想讨伐张步，张步听说之后，于是就派遣大将费邑驻扎在历下，又分兵屯守祝阿，另在太山钟城又布列了几十个兵营等待耿。耿渡过黄河，先是围攻打败了祝阿，然后故意网开一面，让被围困的祝阿的士兵能奔逃到钟城。钟城的守军听说祝阿已经溃败，非常惊恐，于是集体逃亡。

第七，攻其所必趋。要让对方驻于某地的兵力离开，制造空隙，进攻其最为看重的地方才能死而后生。典型之一就是围魏救赵，就是通过攻打魏国的办法，调动魏国在赵国的兵力，兵力一调走，比较优势就形成，即使要战，取胜就不在话下，这个与利而诱之本质上都是一样的，都是调虎离山，都是要在某处造成空隙，只不过利而诱之是通过利益的引诱，而攻其所必趋是通过害处的威胁罢了。因此，真正要调动一个人或调动一支部队，做到“致人而不致于人”，要么就是给他最想要的，要么就施加对方最怕的，无论给他最想要的，还是最怕的，注意力一定会发生转移，注意力一转移，必有空隙。

第八，围师遗阙，穷寇勿追。古语云：投军散地，则六亲不能相保，同舟共济，则何患胡越之二心。对于我们自己，当然应该尽量避免在各有各的退路、各有各的打算的情境下进行战斗。各有各的打算，那么就很难形成一条心，因此上面分析如何“让我方实”的时候，也有“投之无所往”这一条，目的就是要断了后路，让士兵只有奋力死战一条路可走，如此才能形成绝对的士气。但是，对于敌人，我们要的就是他们处于“散地”，让他们的心合不到一块。若逼他们走上绝路，不留一条路让他们去走，势必造成同舟共济之势，这样对我们不利。而围师遗阙，穷寇勿追，目的就是留一条路让他们自己去争去抢，自己人与自己人争夺起来，不攻自溃。三十六计之欲擒故纵即为此道，不能把对方逼急，逼急了对方就必然要由分散走向联合，历史上的农民起义都是这样被逼无路而走向联合反抗的。当然，要瓦解别人的统一战线其实也很简单，联盟就像一串用线串起来的珍珠，无论弄掉哪一颗，联盟就得溃败，农民起义之所以能被招安，就是因为不是所有的人都能坚定志向，况且起义不就是为了钱为了做官为了有饭吃吗？给他们一部分人钱，给他们一部分人官做，给他们一部分人有饭吃，就一定会有人放弃起义，一句话，留一条活路给人走，起义军必会不攻自破。

第九，因粮于敌。这是直接造成敌人的虚，向敌人要枪要炮。

第十，捕捉现成的空隙。上面九条，都是通过一定的方法，主动去创造“我实彼虚”的空隙的，但事实上，还有一种情况，就是敌方现成的空隙，我们只要去捕捉利用就行了，也即是“先为不可胜”之后的“待敌之胜”。首先，在防守的地域上，敌人肯定会有薄弱之处，比如农村包围城市，就是利用了农村的防守力量薄弱这一点。其次，在防守的时间上，敌人意怠时、内乱时、计划还没定好时、元气未复时都是现成的空隙。最后，在防卫和进攻的能力上，有些敌人天生就不善水战或其他某一方面，那就在这方面与敌人进行较量，比较优势就容易形成。三十六计之趁火打劫、隔岸观火、浑水摸鱼皆为此道。

以上案例仅仅是点到为止，能否举一反三、触类旁通全靠我们个人。并且从以上列举的方法来看，让对方虚的方法，要么就是通过变化的手段，制造假象，让对方决策错误，从而制造空隙；要么就是直接调动敌人，从而制造空隙，这些都是“分”的战术，而这种战术都是变幻莫测，不可先传的，因此，孙武才把它称之为“诡道”。

“诡道”本质上就是讲变化，通过不断变化的方法来迷惑敌人，让敌人的决策错误，其实并无什么不道德的实质，也无所谓道德不道德，《周易》全书都是讲变化的，为什么没人说它不道德？其实道德不道德并不在事物本身，而是看你的出发点，出发点不好，仁爱也是不道德，那叫假仁济私，挂羊头卖狗肉，假如出发点是好的，杀几个人又何尝不可？《司马法》上说：“杀人安人，杀之可也，攻其国，爱其民，攻之可也，以战止战，战之可也。”鸦片拿来治病，就是好东西，所以，有些事情可不可以做，不要老是去寻找外在的标准，法律啊，道德啊，只要问问自己内心就行了，这也许就是王阳明所谓的良知。后世儒家之所以被很多人批判，誓要打倒孔家店，其实并不是道德仁义不好，而是假仁假义太多，好比有人打着仁义的招牌谋财取利，并非道德的错，实是冒牌人之罪也。

分合的关键

通过以上的分析，我们知道，让我方实就是“合”，就是运筹；而让对方虚就是通过制造假象的方法，让对方决策错误，从而制造空隙或薄弱之处。谈到这里，大家也许就会问，既然我们可以通过分合办法对付敌人，难道敌人就不知道用同样的办法对付我们吗？比如，我们集中兵力，准备进攻对方，此时若对方知道自己将要受到攻击，甚至还知道何处将受到攻击，那么，对方也可以集中兵力，严阵以待，此时，比较优势就很难形成。又比如，我们想通过“能而示不之不能”的方式，让对方放松了警惕，从而制造我实彼虚之势，但对方的将领却聪明得很，不买账又怎么办？又比如，假如对方也实施利而诱之或近而示之远的战术，我们又该如何对待？

因此，无论运筹还是制造假象，成功实施的关键，在于我方制造的假象能不被识别，而且自己又能识别对方制造的假象，我们制造的假象不被识别，那么，调动敌人才成为可能，识别对方制造的假象，那么，才不至于被敌人所调动。《孙子兵法》上说，“形人而我无形”“致人而不致于人”。然而，怎么做才能做到制造假象不为识别，识别假象不被蒙蔽呢?

要制造一个不被敌人识别的假象，那么也就是要制造一个被敌人认为是真相的假象，因此，制造假象的关键，是以敌人的认知出发，敌人认为那样，那么，我们就得顺着敌人的认知，去如此表现，此时敌人定会信以为真，但实际行动上，我们却不是如此。比如，在魏国人眼里，齐国人以胆怯出名，所以，孙膑就顺着魏国人的认知，通过减灶的方法示怯，魏国的庞涓信以为真，认为齐国果然怯懦，士兵都纷纷逃跑了，但孙膑在暗中去增加了兵力，庞涓因此大意轻敌，本以为能以实击虚，打败孙膑，没想到却是自己以卵击石。

又比如三十六计中之苦肉计，三国演义周瑜痛打黄盖，一个愿打一个愿挨，曹操之所以会信，不能识别这是假象，就是因为这件事本身就符合曹操脑海中的认知，一个三朝老臣不服气一个乳臭未干的年轻将领，是多么符合逻辑的事情。

又比如上面那个郑武公伐胡的例子，也是同理：郑武公想去攻打胡国，为了麻痹敌人，先把女儿嫁给胡国国君，但仅仅这一招美人计，胡国国君是不会太相信这秦晋之好是善意的，所以才有后面一出怒骂群臣的好戏。

从这些例子我们可以知道，假象不是可以刻意去制造的，老子说，“善行无辙迹”。善于做事的人，一点痕迹都不留，自然而然，怎么做到不留痕迹，关键就在于，顺应敌人的认知，《孙子兵法》说，“顺佯敌之意”，要因其势而利导之，很多将计就计的计谋，都是如此达成的，若一方设计了计谋，他们一定会相信以自己的计谋而推导出来的结果是真的。因此，要将计就计就得顺着对方那条思路或逻辑去表演，以此来让人认为自己中计了，但暗中却不是按照那样行事。

《孙子兵法》上还说，“以正合，以奇胜”，事实上，“正”是什么？“正”就是敌人认为应该如此的事物，即使它是假的；而“奇”就是我们背后的暗中的行动，之所以说是“出其不意”，那是因为，只有那些敌人没有料到的东西，才能叫“奇”，没有料到的东西是什么？就是那些他们认知之外的东西。明修栈道暗度陈仓中，明修栈道是“正合”，是做给别人看的，暗度陈仓是“奇胜”，是实际的行动，表面上稳住敌人是“正合”，暗地里釜底抽薪是“奇胜”。

评判是“正”还是“奇”，并不在事物本身，事物本身无所谓正，也无所谓奇，是“正”是“奇”完全决定于敌人对事物的看法，敌人认为该如此的就是“正”，没有想到会如此的就是“奇”，比如，一个黑种人看到黑人，那是“正”，但对于我们黄种人说是“奇”；“能而示之不能”中，“不能”是“正”，“能”是“奇”，敌人没想到有那么厉害；“近而示之远”中，“近”是“奇”，“远”是“正”，五事七计是“正”，诡道是“奇”。然而，在一个崇尚走捷径，以投机为荣的年代，那么，老老实实打基本功，修道保法会被认为是傻子，也会当成是“奇”。当然，如果敌人不是那么认为的，那么，这个计谋就已经失效了，奇正也就是发生变化了，因为人的认知会是会变化的，所以，奇正也会随着敌人认知变化而变化。《李卫公问对》里说，“善用兵者，无不正，无不奇，使敌莫测。”

在高人那里，正也可以变成奇，奇也可以变成正，世间哪里有固定不变的奇和正呢。

一般来看，对于愚蠢的人，要让他上当似乎好办一些，而要让聪明的人上当会难一些，但事实上是没有分别的，只不过对于聪明的人就得按聪明的思路去制造假象，聪明的人才会相信而已，关于这一点，《孟子》里面也有过论述："故君子可欺以其方，难罔以非其道。"意思是说，对于君子，你可以按君子的套路去欺骗他，但你很难骗他其他什么的。原文如下：

> 昔者有馈生鱼于郑子产，子产使校人畜之池。校人烹之，反命曰：'始舍之圉圉焉，少则洋洋焉，攸然而逝。'子产曰'得其所哉！得其所哉！'校人出，曰：'孰谓子产智？予既烹而食之，曰：得其所哉？得其所哉。'故君子可欺以其方，难罔以非其道。彼以爱兄之道来，故诚信而喜之，奚伪焉？"

孔老夫子说，有方法，什么人都可以骗，只要很合理的事，常常都可以骗人。谗言为什么能够打动人，因为谗言都是经过设计的，很合理。所谓"信者以信度，迷者以迷度"，"信"是指有学识的人，知理的人，如果你要骗他，那你必须从理论方面入手去骗他，告诉别人如何，不如告诉他如何思考，严格来说，孔子、老子或佛祖是世界上最厉害的"骗人"高手，他们不仅告诉你要如何做，而且有系统地告诉你为什么要这样做的思维模式。据说凯恩斯的《古典经济学》也是某个利益集团的理论工具，你只要去学了，你就下套了，按照那个理论去行事，说不定就是给某些个利益集团送钱了，因此从理论上骗人是最高明的骗法，让人被骗了还不自知。

迷指没有学识的人，糊涂的人，她不懂理，所以你要骗他，只能往无理的方面去骗他，或者按照他的套路去骗他。前几年电视网络上报道过一个新闻，说一个老头被骗子骗了，要给某账号打钱，连警察来拦都拦不住，就是不信警察说是碰到骗子了，硬是要相信骗子要打钱过去。其实，骗子就是抓住了老人的固有认知，按照他的套路来骗他而已，总而言之，就是见人说人话，见鬼说鬼话，信者以信度，迷者以迷度，知道了这句话，才能出去闯荡江湖。

以上是制造假象不被识别的方法，然而，如何识别假象不被蒙蔽呢？这就要靠知彼知己的学问了。

知彼知己的学问

我们知道，知彼知己一方面是为了了解双方的特征，从而制定相对应的战略战术，因利而制权；另一方面就是衡量双方力量对比，看看前期的运筹是否达到了我们所需要的“我实彼虚”之势，最后以决定进退攻守。而要衡量双方的力量对比，不能不对对方的真实的虚实情况弄清楚，因为敌人也同样可以制造假象来迷惑我们，本来是实却故意表现出虚的样子，本来是虚却表现出实的样子，那么如何来判断敌人的真正虚实呢？这就是知彼知己，相敌的学问了。

这方面《孙子兵法》本身讲得并不是很多，但有一段是专门讲相敌的。

“敌近而静者，恃其险也；远而挑战者，欲人之进也；其所居易者，利也；众树动者，来也；众草多障者，疑也；鸟起者，伏也；兽骇者，覆也；尘高而锐者，车来也；卑而广者，徒来也；散而条达者，樵采也；少而往来者，营军也；辞卑而备者，进也；辞强而进驱者，退也；轻车先出居其侧者，陈也；无约而请和者，谋也；奔走而陈兵者，期也；半进半退者，诱也；杖而立者，饥也；汲而先饮者，渴也；见利而不进者，劳也；鸟集者，虚也；夜呼者，恐也；军扰者，将不重也；旌旗动者，乱也；吏怒者，倦也；杀马肉食者，军无粮也；悬甄不返其舍者，穷寇也；谆谆翕翕，徐与人言者，失众也；数赏者，窘也；数罚者，困也；先暴而后畏其众者，不精之至也；来委谢者，欲休息也。兵怒而相迎，久而不合，又不相去，必谨察之。”

这些是军事家从经验中，总结出来的东西，其实如果不是打仗，我们没必要过多去研究这些东西的具体内容，更不用去背，我们要学的是这种通过现象推测其本质的方法，而现象不仅仅是上面这些，我们完全可以通过自己的思维，去推断，如此才能灵活应用。

并且，敌人知道我们会如此去推断它的虚实本质，那么，他同样也可以制造出这样的假象来迷惑我们，所以，对这种信息，我们还需要进一步核实才行。就好比很多皮包公司，销售额多少多少，规模有多大多大，还宝马奔驰什么的，外在形象包装的很好，让人感觉很有实力，但这也许就是假象，我们要放出自己的眼光来看，从细节中去判断推理它的真实性。

因此，《孙子兵法》在另一处，提示说“故策之而知得失之计，候之而知动静之理，形之而知死生之地，角之而知有余不足之处”，策之，候之，形之，角之，看起来不容易懂，实际上，就是通过一定的行动，试探对方的反应罢了，三十六计里面，有一计叫作打草惊蛇，讲的就是试探敌人的反应。

那么，为什么要去试探敌人的反应呢？目的就在于看我们获得的信息是否属实。我们说，说一个谎，就必须用无数个谎来圆这个谎，而制造假象，本质上就是说了一个谎而已，而为了让这个谎成立，那么就必须让与这个谎相关的事情跟它配合才行，比如，朋友告诉我说，昨天下午跟女朋友去公园散步了，但通过我们的考察，她女朋友昨天下午在上班，一推理明显就是一个谎。流言为什么能够止于智者，其中没有什么玄机，就是因为智者善于推理罢了。很多网络上的假新闻，如果不去推理，你很容易就信以为真，但其实若能稍加思考就能识别，比如几年前日本核电站发生事故，中国大陆发生抢盐的事件就是如此。

因此，我们试探反应，就是为了获得更多的信息，然后从这些信息中，从横向和纵向进行推理，如果信息与信息之间符合逻辑，那么，信息属实的可能性就大，若前后不符合逻辑，那么肯定其中有信息是假的，因此，应该加强警惕，而且要进一步试探，以获得真相。公安人员破案，基本上也是那样的，要能识别真假，而识别真假的方法就是逻辑推理。关于这方面的学问，《鬼谷子》里面讲得比较多，他的捭阖之道，就是试探反应的学问，读者有兴趣可以去研究。

当然，获得信息的通道，除了直接试探以外，还可以用间谍，

《孙子兵法》说，间谍“有乡间，有内间，有反间，有死间，有生间”，因为，间谍是人，是人就可能被利用，同样可以造假，因此，对于间谍的信息，也需要通过横向纵向去比较，去推理才能获得真实的信息，这需要很高的智慧，所以，《孙子兵法》说，“非圣贤不能用间，非仁义不能使间，非微妙不能得间之实”，就是这个道理。

当然，要从整体上去评估对方的实力，用这些方法是不行的，最好的办法就是根据土地的广阔来判断，如《孙子兵法》上说，“兵法：一曰度，二曰量，三曰数，四曰称，五曰胜。地生度，度生量，量生数，数生称，称生胜”。从土地的范围，就能大致估计出对方的实力大小，从而判断胜负。

以上是知彼的学问，需要有很高的智慧和技巧，知彼很难，但其实知己也并不容易，有时候看似几十万大军，但实际上确是不堪一击，自身的真正虚实，要对五事七计，天时地利人和进行综合评估才行，单从某方面评价是未必能得出什么客观结论的，而人一旦在某方面有优势，就往往容易高估自己，比如袁绍，在官渡之战前，无论从军队数量还是气势上都是超过曹操的，但袁绍仅以此判断自己必胜而骄横自用，但后来结果确如郭嘉“十胜十败”的预测一样，最终还是败在曹操手下，那是不自知的结果。淝水之战中，苻坚以90万大军攻打晋国，谢玄为先锋，带领8万精兵迎战，苻坚自认为自己兵多将广，无论怎么打都能战胜晋军，也正因为不能正确地知己，自己又求胜心切，过于大意地听取了晋军的意见而退让，本以为让晋军渡河过半时再来攻打他们，没想到的是自己退让之时，因为指挥不一而发生混乱，最后吃了败仗。

化整为零

为了形成比较优势，战时我们可以做大量的工作来让我方实和让对方虚，最后我们通过相敌、试探、用间等“知彼知己”的方法，对双方的实力进行了评估，若我实彼虚，那么进攻就必然胜利，若即使做了大量的前期准备工作，但对方也集中了大量的兵力，准备充分，仍然没有形成比较优势，那么，此时此刻，我们该如何收场呢？

《孙子兵法》说，“知可以战与不可以战者胜”“敌则能战之，少则能逃之，不若则能避之”。知道此刻不能战，却要硬战，那么，必然是送死，“小敌之坚，大敌之擒也”。

因此，最好的办法，还是毛主席那句话，“打得赢就打，打不赢就跑”，也许在国君那里，认为将军前期做了那么多准备工作，一定能把对手拿下，命令将军一定要进攻，但是，在战场上局势瞬息万变，是进是退，不是国君说可以就可以，进退唯时不唯君，因此，《孙子兵法》说，“故战道必胜，主曰无战，必战可也；战道不胜，主曰必战，无战可也。”将在外君命有所不受，就是从这里来的。

“少则能逃之，不若则能避之”，我们说，逃和避，并不是逃跑，而是暂时避开敌人的锋芒，是为了更好地保全自己识时权变，如果明知道打不赢还打，那么损兵折将后，哪里还有东山再起的机会。既然逃和避的目的是为了保全自己，以免被敌人赶尽杀绝，那么，此时就不应该“合”，而应该像分散敌人一样，分散自己了，把庞大的队伍，分散开来，化整为零，敌人要消灭那么多分散的力量，也是不可能的。

修道保法

集中了我方优势兵力，调走了对方的部分兵力，还是比不过别人，此时不能动弹，只有逃跑的份，那么这里至少可以说明三个方面的问题：

一是说明诡道是有局限性的。诡道，也就是通过变化或制造假象以及利诱等的手段，形成我实彼虚之势，但并不一定就能让对方下套，对方的将领可能比我们还明智，也就是当我方集中力量的时候，对方也有可能会集中他们的优势兵力，当两方都集中了各自的实力后，拼的还是各自的整体实力，较量的还是基本功，来不得半点虚假和偷懒，光靠使诈显然是行不通的。

二是说明我方会应用诡道，敌人也会，诡道防不胜防，我们可以按照敌人的认知去制造假象，从而让对方作出错误判断，实际上，对方同样可以按照我们的认知来制造假象迷惑我们。

三是说明即使集中了我方的优势兵力，还是比不过别人，暂时退为防守，但是，逃避是暂时的，是权宜之计，躲得了一时，躲不了一世，因而在平时就得加强和提升整体实力，从源头上下功夫，这才是取得主动地位的根本出路。

由此可见，既然使诈之后较量的仍然是实力，那么，对付诡道的最好办法，就是让自身的实力与对方大大拉开差距，占据绝对优势，也就是说，无论对手如何使诈，如何分合为变，都是我实彼虚，好比田忌赛马，要是田忌的下等马比齐王的上等还要强壮，你如何使诈？任凭你怎么调换马都是一样，孙猴子终究逃不出如来佛的手掌。

因此，临战时调动兵力和资源，我们可以称之为“运筹”，而这里我们把平时加强整体实力的提升，可以称之为“积筹”，只有平时发展了经济，训练了好的士兵，吸引了大批的人才，对内安抚百姓，对外结交诸侯，积累了这样一些资源，临时才能用来调动，只有“积筹”，才谈得上“运筹”，否则，就是无本之木，无源之水，巧妇也难为无米之炊！

《孙子兵法》上说，“主孰有道、将孰有能、天地孰得、法令孰行、兵众孰强、士卒孰练、赏罚孰明”，战争较量的就是这些。“主孰有道、将孰有能、法令孰行、赏罚孰明”我们可以称之为“软实力”，“天地孰得、兵众孰强、士卒孰练”我们可以称之为“硬实力”。

下面我们先从“硬实力”谈起。“天地孰得”，也就是抓住有利的天时和地利，也没什么好谈的，“兵众孰强”，一方面是指兵力的多寡，另一方面其实还包括武器、粮食储备等因素。“士卒孰练”，就是指士兵对作战的训练水平，训练得好，与没有训练，作战能力肯定有天壤之别的，孔子说，“不教人战，是谓弃之”，意思是说，不训练，不教人如何去打仗，就派人家去打仗，相当于放弃了人家，让人家去送死，优秀的士兵，不是天生的，是训练出来的。

再说“软实力”。“主孰有道”，指的是“上与民同意”，也就是仁义。行仁政，能以大众利益为依归，有了这个做基础，就能获得百姓的支持，士兵的爱戴，外交的支持，还能吸引人才的加盟，这是一切力量的源泉，孟子说，得道多助，失道寡助，有道的一方，自然能吸引资源的汇集。

“将孰有能”，表面上是说，看谁的将领有才能，实际上，是指哪一方有人才，哪一方能吸引人才。主有道，尊贤敬能，是吸引人才的一个重要因素，因此，主孰有道是将孰有能的前提，主无道，将必无能，有能也不好使。

“法令孰行”“赏罚孰明”，法令行、赏罚明本身并不是实力，但是法令行和赏罚明是行动一致，激发潜能，形成合力的保证。法令行，勇者不能独进，怯者不能独退。

以上这些，都要靠平时去积累，这是基本功，基本功做得好，有了百姓的支持，外交的支持，人才的聚集，训练有素的队伍，充足的后勤保障，再加上严明的纪律赏罚，整体实力上来了，其实怎么打，都是赢。

两种极端

通过以上分析可知，要取得胜利，有诡道的方法，也有修炼五事七计的正道方法，这两种方法相辅相成，互为补充，但对于这两种方法，自古以来就有两种不同态度，互相鄙夷，都走向了极端。

第一种就是走向诡诈的极端，依仗计谋，舍本而逐末。这类人就是想依靠计谋，投机取巧，喜欢走捷径，向往空手套白狼和一蹴而就，如《荀子议兵》中的临武君即是此类：

临武君与孙卿子议兵于赵孝成王前，王曰：请问兵要？

临武君对曰：上得天时，下得地利，观敌之变动，后之发，先之至，此用兵之要术也。

孙卿子曰：不然！臣所闻古之道，凡用兵攻战之本，在乎壹民。弓矢不调，则羿不能以中微；六马不和，则造父不能以致远；士民不亲附，则汤武不能以必胜也。故善附民者，是乃善用兵者也。故兵要在乎善附民而已。

临武君曰：不然。兵之所贵者势利也，所行者变诈也。善用兵者，感忽悠暗，莫知其所从出。孙吴用之无敌于天下，岂必待附民哉！

孙卿子曰：不然。臣之所道，仁者之兵，王者之志也。君之所贵，权谋埶利也；所行，攻夺变诈也；诸侯之事也。仁人之兵，不可诈也；彼可诈者，怠慢者也，路亶者也，君臣上下之间，涣然有离德者也。故以桀诈桀，犹巧拙有幸焉。以桀诈尧，譬之若以卵击石，以指挠沸；若赴水火，入焉焦没耳。故仁人上下，百将一心，三军同力；臣之于君也，下之于上也，若子之事父，弟之事兄，若手臂之扞头目而覆胸腹也，诈而袭之，与先惊而后击之，一也。且仁人之用十里之国，则将有百里之听；用百里之国，则将有千里之听；用千里之国，则将有四海之听，必将聪明警戒和传而一。故仁人之兵，聚则成卒，散则成列，延则若莫邪之长刃，婴之者断；兑则若莫邪之利锋，当之者溃，圜居而方止，则若盘石然，触之者角摧，案角鹿埵陇种东笼而退耳。且夫暴国之君，将谁与至哉？彼其所与至者，必其民也，而其民之亲我欢若父母，其好我芬若椒兰，彼反顾其上，则若灼黥，若雠仇；人之情，虽桀跖，岂又肯为其所恶，贼其所好者哉！是犹使人之子孙自贼其父母也，彼必将来告之，夫又何可诈也！故仁人用国日明，诸侯先顺者安，后顺者危，虑敌之者削，反之者亡。诗曰："武王载发，有虔秉钺；如火烈烈，则莫我敢遏。"此之谓也。

对于很多人来说，尤其对刚刚接触《孙子兵法》的读者，实际上也是对《孙子兵法》中的诡道计谋感兴趣。《孙子兵法》自己也那么说，"兵者，诡道也"，因此，很多读者误把《孙子兵法》与《三十六计》等同起来，以为《孙子兵法》里面有什么奇思妙诀，有什么可以学了以后就能一劳永逸的锦囊妙计，似乎善用兵的人，皆有回天之力，而对《孙子兵法》的修道保法，重视"五事七计"以先胜的主张却忽略过去了。还有些人拿出"兵者，诡道也"的说辞，认为是言之凿凿的证据来辩解：所谓兵法就是诡道，别跟我谈道德。却不知道"兵者，诡道也"只是说了兵法的一个方面，望文生义地去解读这句话，把修道保法的这一部分给忘记了。

这是走到了依仗计谋，忽略根本的极端上去了。我们说，诡道计谋的确重要，但是，两军对峙，拼的毕竟还是实力，而实力的获得，终究还是要靠平时的修道保法，就好像医生只能医活人不能医死人一样，善用兵的人，并无回天之力，任何一个善用兵的人，都必须以实力作为基础，否则，再灵巧的主妇也做不出没有大米的大餐。

另一种极端，就是对诡道嗤之以鼻，依靠实力，仰仗仁义，务本弃末。这类人喜欢走康庄大道，老打老实做基本功，埋头苦干。荀子就是这类人的代表。他认为打仗，“用兵攻战之本，在乎壹民”，善附民，修道保法就行了，哪里需要什么技巧。荀子的观点，当然也有他的道理，因为打仗无非就是天时、地利、人和的综合实力较量，而荀子抓住了人和这一关键因素，有仁人之兵一定能取胜，且仁人之兵不可诈。

但是，毕竟仁人之兵不是一天两天练成的，而是长期投资的结果，基础实力也不是一天两天就能夯实的。周朝取代商朝，也并不是周文王一两天仁德结出来的果实，暂时实力不如人，就必须用诡道的方法，来弥补战略上基础实力的欠缺，否则，生存且有困难，谈何积累实力，谈何发展壮大。

况且，假设我方与对方实力势均力敌，或者甚至还不如对方，此时大敌压境，此时，硬碰硬，肯定不行，只有采用诡道的方法，分化敌人的力量，才有取得胜利的可能。即使是我方实力要比对方强，采用诡道，也是减少我方损失的重要方法，能减少一点损失就减少一点，何乐而不为？

事实上，无论是立国，还是创企，一般来说，创业阶段更多的是仰仗诡道，守业阶段更多的是依靠正道，也正因为如此，三国之刘备以道德仁义立国，但创业之时，其实也是做了一些上不了台面的事，比如借荆州，表面上看，似乎与其道德立国的宗旨相违背，但实际上，这只是权宜之计，因为不如此，活都活不下来，谈什么仁义立国，什么大志都是空谈。开办企业也一样，过多地去批判企业家原罪，也未必就是对的，跟上面《九变》篇中提到过的一样，知道变通的仁，才是真仁，知道变通的勇才是真勇，所谓持经达变，不知变通那就是愚蠢了。因此，司马迁评价汉将季布，就说他受辱而不羞，那才是真英雄，因为换一般人来说，以季布这样堪比项羽这样的英雄，受尽刑辱沦为人奴，肯定像项羽一样一死了之算了，多没面子啊，但是季布却没有，而是忍辱负重，想的还是自己仍有所用，一死了之不容易吗？关键是看值得不值得，与韩信忍受胯下之辱一样，忍辱是一时的权变，坚信自己有出头的一天。

总之，正如《长短经》上所说，“王化之政，宜于统大，以之理小则迂；策术之政，宜于理难，以之理平则无奇”。无论是仁义正道还是诡道计谋，都有它的局限性，打基本功的仁义正道确实不需要什么技巧，只需辛苦流汗执行下去就行了，这是长远的战略问题。但是用来处理小问题则显得迂腐和空乏无力，犹如做营销的人会说，为客户创造尽量多的价值，真正为客户解决问题是企业竞争制胜的根本之道，这没错，这是大方向，但是仅仅于此，并不能解决具体问题，实践中还是需要一定的实战技巧去打市场的。当然，诡道计谋也并非就可以解决所有问题，实战经验丰富的业务员哪怕是再厉害终究还是业务员，如果不从根本上去考虑问题，建立一套实现业绩的模式或机制，技巧是不能支撑多久的！

因此，无论是正道，还是诡道，也无论是战略还是战术，它们都是取得胜利必不可少的方法，如果拥有绝对优势，的确不需要什么技巧，十则围之，五则攻之；若没有绝对优势，则需要诡道来弥补不足，倍则分之，敌则能战之，少则能逃之，不若则能避之，而且需要集中自己的优势兵力，选择敌人的侧面和虚弱之处进攻。由此可见，为了取得胜利，孙武为我们指出了两套办法，一是“五事七计”，二是“诡道”。总之，“五事七计”是取得胜利的根本保证，而“诡道”是取得胜利的必要补充。

为什么那么说呢？理由有三。

第一，《计》篇的行文，把“五事七计”的内容放在前面，而把“诡道”的内容放在后面，显然是在有意强调“五事七计”的重要性。

第二，孙武以吴王是否接受这一建议（即打好“五事七计”的基本功）作为是否接受聘用的条件，原文说，“将听吾计，用之必胜，留之。将不听吾计，用之必败，去之”，意思就是说，假如您吴王用我孙武的话，你吴王就一定要从“五事七计”入手，否则我孙武是不干的，这也从间接地告诉我们，如果“五事七计”等基本的东西都没搞好，纵有孙武在世，诸葛孔明复活，也是无济于事的，借用孙子的原话来说就是，“虽有智者不能善其后矣”！

第三，孙子还明确提出，“因利而制权”的诡道仅仅是“以佐其外”，意思很是明确，在这两者当中，孙子更强调的是“五事七计”基本功的修炼，“五事七计”之“正道”是第一位的，“诡道”是第二位的。“五事七计”是从战略上谋划制胜之形，而“诡道”是从战术上谋划临时制胜之势，综合这两者，胜负就显而易见了。

从胜到全胜的飞跃

打仗，肯定是要力图打胜仗的，兵法也是因要打胜仗而存在，因此胜利是兵法的第一目标，无论是诡道的变诈方法，还是五事七计的正道方法，都是为了取得胜利的方法。然而，《孙子兵法》说，“百战百胜，非善之善也，不战而屈人之兵，善之善者也”“必以全争于天下，故兵不顿而利可全，此谋攻之法也”。打一仗胜一仗，并不算高明，高明的是，不用动手，就能使人屈服，那么，什么样的谋攻之法，能够取得“兵不顿而利可全”的全胜呢？《孙子兵法》的全胜到底指的是什么？

对于这一点，各有各种各样的解释，大多数的人都认为，全胜也就是用最小的代价获得最大的胜利，而最小的代价，那么就数不费一兵不卒、不战而胜的代价最小了，而不费一兵一卒就能让人屈服的谋攻之法又是什么，这里就更是见仁见智了，笔者认为，谋攻之法至少也有两种含义：

第一种是伐谋，伐谋简单说来就是破坏敌人的计划，敌人要进攻，想必一定有所准备和凭靠，伐谋的关键是把敌人的进攻条件给破坏，来一个釜底抽薪，失去了进攻条件，对方自然会知难而退。

第二种是谋伐，顾名思义，谋伐也就是用谋略的手段让人屈服，不用武力用谋略，那么有什么谋略可以让人屈服呢？笔者认为，也有两种情况，一种是当我方拥有绝对优势，双方实力相差悬殊时，敌人一定是不敢轻举妄动的，“小敌之坚，大敌之擒”这个道理，对方也是知道的。在敌强我弱的情况下，对方自然也是知难而退，打得赢就打，打不赢就跑了，这是以武力威慑对方，让人屈服。有人说，这不可能，这是唯心主义，事实上当碰到一个比我们强壮得多的人，我们肯定不愿意打的，会尽量去避免冲突，尽管心里是不服气，但行动上还是要屈服的。“夫霸王之兵，伐大国，则其众不得聚，威加于敌，则其交不得合”，为什么“交不得合”呢？就是因为你实力强，别的国家都不敢与敌人结交从而得罪你啊。但也有誓死不屈，誓死反抗的情况，以拥有绝对的优势，用武力威慑的手段，让人屈服也不是绝对的，因此另一种让人心服口服的方法，就是以德服人，表面看来，讲兵法、谈打仗的时候来讲以德服人，似乎有点迂腐，但事实上，不战而屈人之兵，不就是要把战争给消灭在萌芽之中吗？而战争的起源，要么价值观的不同，要么是利益的争夺，因此，消灭战争的根本在于解决对利益的争夺，消除偏见，构建一个大家和睦相处的和谐秩序，毕竟通过武力把对手赶尽杀绝的方式来保证自身的安宁，或掠夺其他人的利益是不会得逞的，是目光短浅的。我们说，哪里有压迫哪里就有反抗，屈人之兵，消灭战争的根本在于，建立一个大家和睦相处的和谐秩序，也就是儒家倡导的仁爱、善及王道。

然而，既然有一颗仁慈之心才是屈人之兵的根本之道，那么，还要武力做什么呢？武力不是与仁爱相违背的吗？看似有点矛盾，但事实上是不矛盾的。国虽大，好战必亡。天下虽安，忘战必危。好战必亡，是因为好战，好掠夺别人的利益，必然不能得逞，且消耗自身的实力，没有不灭亡的道理；忘战必危是因为，虽然你有一颗仁爱之心，想建立一个和睦相处的和谐环境，但是，别人不一定啊，要是别人不同意，你必须要有实力或武力去维护这个秩序才行，否则就是你一厢情愿。应该是通过自身的强大，去构建一个大家可以和平相处的共赢秩序，这才是正确对待军事的态度。

当代著名华人企业家李嘉诚指出：做人如果可以做到“仁慈的狮子”，你就成功了！仁慈是本性，但单单仁慈，业务不能成功，你除了在合法之外，更要合理去赚钱。但如果人家不好，狮子是有能力去反抗的，我自己想做人应该也是这样。仁慈是出发点，狮子是实现仁慈的力量保证。

由此我们也可以看出，以全胜为终极目标本身，都显示出《孙子兵法》的战略眼光。百战百胜，而不知道仁慈，那是目光短浅的。

谈到这里，我们稍微提一下，孟子的义利观，对于此，后人很多人不理解，总认为，孟子讲义，那么就一定贬斥利。事实上，那是理解错了，孟子从来就没有反对过利，他只是反对自利而已。孟子主张在利己的同时要利人，自利是小利，利人是大利，而大利就是义。

> 王曰："寡人有疾，寡人好货。"对曰："昔者公刘好货，诗云：'乃积乃仓，乃裹糇粮。于橐于囊，思戢用光。弓矢斯张，干戈戚扬。爰方启行，故居者有积仓，行者有裹粮也，然后可以爰方启行。王如好货，与百姓同之，于王何有？"王曰："寡人有疾，寡人好色。"对曰："昔者大王好色，爱厥妃。诗云：'古公亶父，来朝走马。率西水浒，至于岐下。爰及姜女，聿来胥宇。'当是时也，内无怨女，外无旷夫。王如好色，与百姓同之，于王何有？"

齐宣王说，他有毛病，很贪利，又好色。孟子说，好利好色本身不是毛病，你有好东西，能够与百姓共同享受，这有什么不好呢？意思是说，你好利好色不是毛病，唯独独占天下之财，把天下的美女都一个人占了才是毛病。

孟子的意思就是说，不要总以为自己才需要生存，需要利益，而应该考虑别人，应该推己及人，老吾老以及人之老，幼吾幼以及人之幼，这样不是很和谐吗？

因此，《大学》里面都说，“与其有聚敛之臣，宁有盗臣”，为什么，聚敛之臣，只知道考虑自己，想把天下的财富都搜刮到自己门下，这样的话，还不如盗臣，花掉一些。聚敛财富事实上就是引发不平之心的火药桶。

> 魏文侯御廪灾，素服避正殿，群臣皆哭。公子成父趋入贺曰：“臣闻天子藏于四海，诸侯藏于境内。非其所藏，不有火灾，必有人患。幸无人患，不亦善乎！”

《孙子兵法》的胜与全胜的关系，就相当于孟子的利与大利（义）的关系，胜就是只考虑自己的利益，全胜就是考虑自己的同时，推己及人。不知道推己及人，就很危险，获得了利益，也不会长久的，所以有句话说，自利则生，利他则久。

谋事在人，成事在天

在前面，我们从诡道谈到仁义，从军事问题谈到政治，从自利的百战百胜谈到自利人的全胜，我们会发现，要取得战争的胜利，诡道必不可少，但是要有真正的实力作为基础，而实力的获得又靠百姓的拥护、人才的聚集，以及外交的支持等。而即使获得了强大的实力，可以百战百胜，但也仍得以仁爱之心对人，不要轻易发动战争，掠夺别人的利益，否则，实力再强，也不能持久。最后我们可以得出结论，得人心者得天下，与对手之间的终极较量，实际上，是道德的较量，因为诡道是不可靠的，战争最终比的是实力，而实力的获得，最终要靠道德，只有主有道，将才会有能，才能吸引人才加盟，有人才加盟才会有军队的强大，也只有讲道德才能获得外交支持，一句话，道德仁义是实力之源，因此我们才说，最高的谋略其实是道德。

因此，我们可以假设一下，假如对手是一个浮躁的，只想投机取巧，而不想平时修道保法，修炼基本功的人，那么，我们有必要怕这种对手吗？不讲修道保法，没有道德，对百姓不仁，对员工不爱，那么对手已经输在开始了。日本侵略我们就是案例，它不得人心啊。商灭夏，周灭商基本上都是道德上的胜利，对付这种敌人的最好办法，就是修道保法，积累自己的实力，没有真实的实力做基础，对手想有多大发挥，哪有可能？

类而推之，作为企业的老板，对自己的顾客和员工一定要好，对顾客和员工不好，那是为丛驱雀，把顾客和员工都赶到竞争对手那里去了，这样你还能胜？如果对手对顾客不好，那么，你有机会了，“天下嗷嗷，新主之资也”。对手的顾客处于水深火热之中，你去挽救他们就是了，他们一定箪食壶浆来迎接你。

孟子曰：“桀纣之失天下也，失其民也；失其民者，失其心也。得天下有道：得其民，斯得天下矣；得其民有道：得其心，斯得民矣；得其心有道：所欲与之聚之，所恶勿施尔也。民之归仁也，犹水之就下、兽之走圹也。故为渊驱鱼者，獭也；为从驱爵者，鹯（zhān）也；为汤武驱民者，桀与纣也。今天下之君有好仁者，则诸侯皆为之驱矣。虽欲无王，不可得已。今之欲王者，犹七年之病求三年之艾也。苟为不畜，终身不得。苟不志于仁，终身忧辱，以陷于死亡。诗云‘其何能淑，载胥及溺’，此之谓也。”

但是，假如对手认识到了，战争是实力的较量，光靠投机取巧，光靠诡道是靠不住的，也知道了实力的积累要靠平时修炼，并且还知道实力的积累还要靠汇集人心，知道战争的争夺根本在于人心的争夺，那么，当碰到这样的对手时，是该引起警惕了，这种对手是可怕的。我们说，敌人怎么聪明，怎么会使诈，怎么会投机取巧并不可怕，可怕的是对手那种积极向上，老老实实打基础，积累实力的行动。

那么，我们应该如何对付这种对手呢？《孟子》里记载了滕文公与我们相同的疑问，我们来看看孟子是如何回答这个问题的：

滕文公问曰：“齐人将筑薛，吾甚恐，如之何则可？”孟子对曰：“昔者大王居邠，狄人侵之，去之岐山之下居焉。非择而取之，不得已也。苟为善，后世子孙必有王者矣。君子创业垂统，为可继也。若夫成功，则天也。君如彼何哉！强为善而已矣。”

意思是说，别人怎么学好，怎么加强自身的实力，我们是管不住的，除了积极行善，争取人心，积累自身的实力，还能做什么？如果这样，还不能免除亡国灭种，那是天意的安排，是天命，我们还能有什么办法?

事实上，假如对手也是一个讲道德的人，那么，就不会有战争的发生，社会就能和谐；假如对手不讲道德，那么，我们讲道德，胜利终归要属于我们，如果这样还不能，那就是天意!

第五篇

应用——《孙子兵法》的竞争智慧

在前几篇中，我们由浅入深地分析了战争的本质就是实力的较量，即人力、物力、财力等资源及资源的组织能力的较量，谁资源雄厚并能有效组织，能营造“我实彼虚”之势，谁就能取得胜利，反之就要失败。尽管营造“我实彼虚”之势可以通过让我方实及让对方虚的手段来实现，但让对方虚的方法毕竟是可遇不可求，这种方法要求在自己不犯错误或不留漏洞的前提下，能让对方犯错误并且能抓住对手的错误才有机会。对于二流三流的对手，也许我们可以经常能有这种机会，但碰到真正的一流高手，我们的机会其实并不多。因此高手的对决，多半比的就是谁能坚持多久不犯错，或不留漏洞被对方抓住。之所以要强调这一点，是因为让对方虚的方法虽然有很多，但遇到真正实力强的对手，这种方法未必可靠，真正可靠的还是自己发挥主观能动性，让自身强大起来，形成真正的绝对优势。《孙子兵法》原文上说：“故用兵之法，无恃其不来，恃吾有以待之；无恃其不攻，恃吾有所不可攻也。”其实我们也可以这样反过来说：“故用兵之法，无恃其可攻，恃吾有以攻之也。”要打胜仗，不要过于寄托于对手会犯错误，而是要准备足够强大的自己，别人会怎么样，我们管不了，可以控制的只有我们自己。

《孙子兵法》的实用性

经过前面几篇的分析，现在我们完全可以得出《孙子兵法》的制胜之道，这就是“以实击虚”。如果稍加展开，那么也可以说，《孙子兵法》的竞争智慧就在于“整合资源向对方的虚处发力”，如果再把时间因素加上去，那么也可以表述为“集中能量于一点迅速释放”。

《孙子兵法》中所有的方法、手段和思想，要么是如何“整合资源，集中能量”的学问，要么就是制造或捕捉对方虚处的学问。毫无疑问，“整合资源，集中能量”是军队管理问题，而制造或捕捉对方虚处是方向问题，是选择问题，是定位问题。正是有了这一思维框架，孙武才可以把其他各家各派的思想有机地整合进来。只要是“整合资源，集中能量”，最终让我方实；或制造或捕捉对方虚处，最终让对方虚，无论你是儒家、道家、墨家，还是法家等其他什么各家各派的思想和方法，都可以将其当成工具化为己用。因此我们才说，《孙子兵法》是最高的务实派，在极其务实之中，又不乏儒、道、法的精神。对照过来，我们实际应用又何尝不能如此？在总原则不变的条件下灵活变通，才是学习应用《孙子兵法》的应有态度。并且即使学习了《孙子兵法》也不可能一劳永逸，在如何营造我方“实”（整合资源，集中能量，把团队拧成一股绳）以及如何捕捉和制造对方“虚”方面，还有很多学问和经验去学，包括东方的、西方的，这样学来的东西才有体系，知道用处和出处，才能应变。

说到这里，我们再回到经典本身。《孙子兵法》神奇吗？一点都不神奇，就“以实击虚”这4个字。《孙子兵法》简单吗？一点都不简单，九流三教都可以囊括其中，只要不违背“以实击虚”这一根本原则，任何思想和方法都可以拿来用。细心的朋友可能已经体会到了，其实《孙子兵法》对人类的真正贡献不在于它包含的那些儒、道、法等各家各派的思想，而是它把竞争之道总结并揭示出来。《孙子兵法》就是一篇竞争制胜的方法论，说得更为极致一点，其实《孙子兵法》里面很多东西或许根本就是别人的，孙武只是把它们整合过来，化为己用而已。毕竟，任何人都不是凭空生活在任何年代，任何人都不可能不吸收别人的思想和方法，这也就是为什么到了现代，很多学者去对《孙子兵法》与老子及其《道德经》、《孙子兵法》与《易经》、《孙子兵法》与孔子及其《论语》等不同学说、学派进行比较研究，以及很多后人有的说这家的学说好、有的又说那家的智慧高的根本原因。

那么，这一套方法论是否可以被除了军事领域之外的其他领域拿来应用？对此，一直以来都有不同的观点。大多数人都认为，《孙子兵法》对商业对人生都具有很好的借鉴意义的；但也有少数人认为，《孙子兵法》除了在军事领域之外，并无多大实际意义，兵战就兵战，是你死我活的刀枪肉搏，商战就商战，并不一定就你死我活。对于提出《孙子兵法》与商战无关的观点，我们认为，虽然《孙子兵法》表面上是在谈兵法，但它揭示的却是竞争制胜之道，只不过是通过军事的现象来揭示竞争制胜之道的本质而已。既然揭示的是竞争制胜之道，那么大凡有竞争的地方，就理应适用《孙子兵法》

的竞争制胜原理，无论是兵战、商战还是人与人之间的职场之战，不管你有没有读过，也不管你承认不承认，其实处处都可以体现《孙子兵法》的竞争制胜之道。只不过是你没有意识到“百姓日用而不知”的竞争原则其实随处可见，或者只是你通过理解兵战制胜之道举一反三进而灵活应用于其他领域罢了。

《孙子兵法》的精髓

《孙子兵法》具有除军事之外的现实应用意义是肯定的，但对于该如何去学习它，如何应用到各个领域中去，我们很多人容易犯一个错误，就是在还没真正弄懂《孙子兵法》本身的制胜逻辑之前就开始谈应用，抓到哪个被感动的句子，就开始长篇大论地去谈，去套现实的案例，谈来谈去，谈到最后好像别的地方也有这样的思想和方法，以致出现大量说谁又是学习谁，谁又最高，谁才是鼻祖等毫无意义的争论。这样做不是不可以，而是说既要知道典故的出处，也要知道为什么，就好像有些老板很爱学习，无论竞争对手有什么招数都跟着去学，别人出什么产品，他也跟着出什么产品，竞争对手走高端路线，他也跟着走高端路线，却不知道别人如此行动背后的真正意图。学《孙子兵法》也一样，学一招半式不是不可以，但要知道你学的这一招半式的目的是什么，要知其然还要知其所以然。比如“置之死地而后生”，如果你仅仅是学表面，而学不到实质，此时可以彼时却不行，那么就很容易犯错误，而且还不知道为什么。

又比如在谈“高陵勿向”的时候谈到的不要被表面文字束缚住了，要思考文字背后的实质，那样才不会犯教条主义。这是我们学习应用当中应该注意的，否则永远都谈不上真正的应用。

那么，我们究竟应该如何去学习应用呢？事实上，无论我们学习任何学说、任何理论，我们都得学会其精髓，否则就很难灵活应用。上面我们已经分析了《孙子兵法》对人类的贡献就是揭示了竞争制胜之道，精髓就是“以实击虚”。因此，我们学习应用《孙子兵法》时，一方面要从总的竞争之道的角度来学习应用，即《孙子兵法》以实击虚这一根本制胜原则本身的学习应用；另一方面就是具体的如何去营造我实彼虚之势的学习应用，包括让我方实（管理团队），让对方虚（捕捉或制造空隙，确定方向）。当然也包括从长远战略方面的学习，还包括短期战术方面的借鉴，我们完全可以对照以前在读《孙子兵法》时填的那个表，一项一项去思考。这方面要比《孙子兵法》竞争制胜原则本身要难得多，因为《孙子兵法》的竞争原则是“宗”，是本质，而具体如何做是“变”，尽管万变不离其宗，宗的东西、本质的东西，一下就讲完了，但变的东西却是无穷无尽。因此，真正谈应用，还是要靠我们自己，结合具体的环境去思考。因为每个人所处的领域及环境都是千差万别的，所掌握的条件也是不一样的，只要结合具体的场合来谈应用才有意义。在本书开头谈对于具体如何营造我实彼虚之势时也说过，事实上，我们完全可以不必拘泥于孙武在书上说过什么，且他本身也没有拘泥于任何一家一派的思想，只要符合可以制造我实彼虚之势的原则、方法、手段、思想，都可以去学习，也可以拿来用，正因为如此，才有了我们无限的发挥空间。

《孙子兵法》与商战智慧

正因为有人质疑《孙子兵法》在商战中的应用，提出《孙子兵法》与商战无关的观点（见李零《唯一的规则：〈孙子〉的斗争哲学》），因此，在谈《孙子兵法》在商业领域的应用之前，有必要澄清一下两个问题。

第一个问题就是“兵以诈立”，但商不能也不该“以诈立”的问题。

李零教授的观点是：认为《孙子》只是一部兵法。《孙子》的一个核心观点就是“兵以诈立”，对军人来说，这是除暴安良，不能不如此。但在讲究诚信的商场上，你敢不敢说“商以诈立”？“商以诈立”，老百姓还怎么活？所以，我给自己立下规矩，古书就是古书，军事就是军事，思想就是思想，我不教你做买卖。

我们的观点是：军事上讲“兵以诈立”是有前提的，是在对群众百姓讲道德仁义，在除暴安良的前提下，为营造我实彼虚之势而实施的诡道变化，在军事上可以，事实上商战也是可以的。中小企业面对强大的竞争对手，通过隐瞒自己的真实意图，“能而示之不能，用之示之不用，近而示之远，远而示之近”，如此来获得发展空间，为何不可？再说诈又不是说要诈顾客，诈消费者。在商业领域里，在为顾客为社会创造价值的大前提下，“商以诈立”，又何尝不可？况且，商战要讲诚信，对合作伙伴对顾客要讲诚信，讲道德。

其实虽说“兵以诈立”，但军事也同样要讲道德诚信的。对士兵干部不讲道德诚信，是很难获得干部士兵支持的，结果会如“烽火戏诸侯”；在国际上不讲诚信，从长远来看，也是不行的，“长平之战”就是案例，不讲诚信，最终孤立的还是自己。

第二个问题是“兵法可否用于员工管理”的问题。

李零教授说，企业老板问怎么解决管理员工的问题。我说“只有把员工骗上战场，要用‘上屋抽梯’‘若驱群羊’这一套。这套东西是给老板讲的，如果给员工讲，员工的感受是怎样的”？

我们认为：事实上把员工的管理说成“上屋抽梯”“若驱群羊”有点过了，而且“上屋抽梯”“若驱群羊”本身是现象，这种管理方式的实质其实是在一个团队里，要建立一种机制，让所有员工都朝着共同目标前进的机制。况且并不是要员工上战场，而是说要通过一定的机制让所有员工知道企业要他们往哪个方向前进，而不要分散精力于其他地方而已。再说，除了这个管理方法，在“齐之以武”的同时，《孙子兵法》并不反对要“令之以文”啊？恩威并施才是《孙子兵法》军队管理的完整方法。

兵战与商战比较

在《通释》篇，我们已经分析过，《孙子兵法》实际上就是一部以全胜为目标，以谋取“我实彼虚”的主动地位为核心，以知彼知己因利制权为方法，以道天地将法为内容的方法论。

兵战的目的是取得胜利，这个很好理解，打仗嘛，无非就是要建功立业。而全胜或大胜，在前几篇的分析中我们已经提到过，全胜已经超出军事的范畴，全胜已经是一种和谐相处的政治理想，只不过要实现这一政治理想，首先必须有能取得胜利的实力作保证罢了。这一点不是很好谈，已经超出了实际，是"形而上"的范畴了。"不战而屈人之兵"之所以会被人当作笑柄来看，事实上也是这个问题。全胜是军事的最高理想，是"共产主义"，成佛成仙是个理想，成不成那是另外的问题。

要取得胜利，就得谋划我实彼虚之势，并且从道天地将法等各个方面去着手，平时加强修道保法，临战合理调配利用，这些东西基本上就是兵法制胜的全部逻辑。

那么，应用到商业里面，又是怎么样呢？商战的逻辑又是怎么样的情形？

首先，我们来分析一下商业的起源，以便于我们真正认识商业的本质，从而指导我们的商业行动。在人类早期，人们为共同对抗自然，没有分工，生产活动都是集体进行，自给自足，当然没有商业的必要。后来由于生产工具的改进，一定程度上产生了"过剩"的情况，这个部落有这个东西，但没那个东西，那个部落有那个东西，但没这个东西，于是产生了原始的交换。交换行为多了，渐渐就产生了一部分专门从事商品交易为生的人，称之为"商人"，而专门从事交换的行业则称之为"商业"；当然，在广义上也包括生产制造业，除非是自产自销，否则，最终都是为了拿去交换，从而获取利润。

从事交换的人多了，自然也就产生了竞争，你生产的东西拿出来与人交换，但别人未必就一定与你交换，因为别人还有其他选择，在是选择你还是选择其他人之中，有一个利益的衡量：假定他拿来交换的东西是不变的，我们甚至可以假定就是10元的货币，假如你提供的东西更值，自然会选择与你交换；假如你拿来交换的东西不值，自然会选择其他人，而这就是商业竞争的本质。

所以，我们可以这样说，商业的本质就是交换，而商业竞争的本质就是获取交换机会竞争，因为如果没有人愿意与你交换，你生产的东西卖不出去，就无法实现利润。别人会不会选择与你交换，根本在于你提供的价值比别人多、比其他人做得更好，用营销学的话来说就是比别人提供更多的顾客价值。

做同样的东西，为什么在同等价格的条件下，你能比对手为顾客提供更多的价值？或者在提供相同价值的前提下，你的价格能比对手更便宜？这就取决于企业的实力——资源及资源组织能力。由此可看出，其实商业竞争也是实力的较量，是资源以及资源组织能力的较量。资源雄厚以及资源的组织管理能力强，那就能比对手为顾客提供更多的顾客价值，自然也就更容易获得交易机会，取得商战的胜利，这也就是商战的基本逻辑。

现在我们再把兵战与商战对比一下（如表3所示），可以发现，其实取胜的原理都是一样的。

表3　兵战与商战的对比

	兵战/战法	商战/管理
目的	全胜	共赢秩序
	胜利	获取交易机会/利润
途径	谋划我实彼虚之势	比对手做得更好，获得顾客

续　表

	兵战/战法	商战/管理
实力表现	道天地将法	人力物力财力组织制度流程文化等
获得方法	积筹、运筹	资源和能力储备、资源合理配置
抗争结果	正义战争的建设性与非正义战争的破坏性	正当竞争是建设性的，不正当竞争是破坏性的

商战的目的就是要获取利润，要实现利润就必须获取交易机会，而要获取交易机会的途径就是要比对手做得更好（即我实彼虚之势），哪怕是让顾客主观上认为我们比其他人做得更好都行，而要实现让顾客认为我们做得更好，能为顾客提供更多的价值，最终要靠实力的支撑。无论是提供更便宜的东西，还是提供更为创新、有个性的东西，或提供更多的服务，这些都要靠实力，而实力的获得也要靠人才，靠资源的平时储备，以及企业流程制度的不断完善。至此，我们也会发现，一个企业能否做大做强，最终也要靠道德，“得人心者得天下”在商战领域里同样适用。因为只有对消费者负责，对员工负责，对社会负责的企业，才能赢得人心，赢得员工的拥护，赢得顾客的支持，赢得政府的支持，赢得社会的支持；也只有得到各方面的支持的条件下，才能汇聚更多的资源，吸引更多的人才，才能不断壮大自身实力，从而比对手做得更好，最终获取交易机会，实现利润。

值得一提的是，军事上的实力“道天地将法”最终都要表现为与对手决斗的“战斗力”。而在商业上的“战斗力”却要表现为成本或创新，就好比在淘宝上卖东西，买家买这家的，还是买那家的，直接决定于你产品的价格或差异性。为了能达成交易，我们后台的工作要么是想方设法，提高管理效率，降低产品成本；要么就是发挥创新能力，提供更为创新的产品。而要保证企业管理效率及创新能力，靠的就是组织制度、运作流程、企业文化这些管理工具。

最后不得不提的是，我们知道商战的目的就是为了获得利润，但是，获取利润是否就一定是商战的唯一目的？关于这一点，我们可以先来分析一下战争的目的。

关于战争的目的，自古就有两种不同的观点，一种观点认为战争就是为了争夺，“凡所为有兵者，为争夺也”（《荀子·议兵》）；另一种观点认为军事的目的在于和平，“期于除去恶民，安活善人”（杜牧《注孙子序》），“战争的目的在于消灭战争”（毛泽东语）。

产生于齐鲁孔孟文化土壤的《孙子兵法》，自然是赞成后者。《孙子兵法》首篇中说：“兵者，国之大事，死生之地，存亡之道，不可不察也。”首先就对战争的性质做了一个定位，认为战争是国家的大事，战争的目的在于保卫国家安全。然后孙子又把“不战而屈人之兵”作为战争的最高境界，即不直接通过武力而通过伐谋的方式，让敌人屈服，最终实现全胜。全胜不仅意味着要保全自己，同时也要“保全”对方，把战争的损害降低到最低程度，我们姑且可为全胜下个定义：“全胜”即是以万全之策争取以最小代价获得全局性的胜利。由此可看出，孙子的“全胜”，一方面是指消耗的力量或资源要最小而言，另一方面是指战争的结果要有全局性而言。

那么什么样的结果才是全局性胜利？与一般性的胜利有什么不同？为了说明事物的不一般，传统经典里喜欢用“大”来形容，比如大智若愚、大辩若讷、大私即公等，它们要说明的是，大智、大辩以及大私比一般的智、辩及私要高一个层次。孙子这里没有用

“大”，却用“全”来代替，但它们的意义是一样的。也就是说，《孙子兵法》追求的并不是简单的你死我活的胜利（胜），而是有胜利之上的追求（大胜或全胜）。这种胜利之上的追求，唯有通过构建一个大家都和睦相处的环境，才是获得自身安宁的根本之道，这就是孙武的战略。

由此我们可以联想起企业的目的，对于企业而言，为了自身的生存和发展，获取一定的利润是天经地义的。但问题是，为了自己利润最大化，我们很多短视的企业经常都会置顾客、供应商、竞争对手或合作伙伴的利益于不顾。美国的战略管理学家迈克尔·波特在对企业所处环境进行分析时，总结出了著名的战略分析的“五力模型”，即企业在供应商、顾客、竞争对手、新进入对手以及替代产品之间的力量博弈模型。它的价值及意义就在于告诫企业的经营者们，战略的实质就是在这 5 种力量之间谋取自身的主动地位，越主动说明讨价还价能力就越强，讨价还价能力越强就越有利润的保障性。这一点一定不会错，但是，拥有主动地位，是否就一定要去压榨供应商及合作伙伴等利益相关体的利益，让自己的利润最大化呢？我们认为这还是值得怀疑的。因为宇宙星球之所以能不偏离轨道地和谐运行，在于星球之间的万有引力不会过于强、也不会过于弱的一种平衡。企业在产业链中的运行也一样，“天下乃天下人之天下”（姜子牙《六韬》），想独占天下之财，注定要以失败告终。

从另一个层面来看，虽然为顾客创造价值是企业或企业家的天职，但是为了顾客和自身的利益，就可以置其他相关方的利益于不顾吗？从广义上说，供应商、股东、客户、合作伙伴、员工、国家、社会大众等何尝又不是企业的“顾客”？事实上，企业或企业家的任务其实是要把他们的利益整合起来，形成一个和谐的共赢体。就像孙武不是追求简单的胜利，而是通过构建一个和谐的环境来获得自身安宁的“全胜”思想一样，企业家任务也不是简单的追求利润最大化，而是要构建一个能够持续获得利润的秩序，并推动这个秩序的和谐运行。

无独有偶。当代著名华人企业家李嘉诚先生也指出：“有钱大家赚，利润大家分享，这样才有人愿意合作。假如拿10%的股份是公正的，拿11%也可以，但是如果只拿9%的股份，就会财源滚滚来。”为什么只拿9%就会财源滚滚来？其实仍是归因于这个大家都有利可图的共赢秩序。

当然，要构建这个和谐的秩序是要有实力的，否则，就是你一厢情愿。“天下虽安，忘战必危”。你想和平，想有一个大家都赚钱的环境，但他人不一定，所以一定有破坏分子目光短浅地试图把其他人赶尽杀绝完事，这时，你就必须有实力去维护这个环境和秩序，战争的目的也即源于此。企业经营也一样，你一厢情愿地认为，大家合作共赢是靠不住的，唯一靠得住的是你有实力去维护这个秩序，也就是在“五力模型”中，你拥有主动的地位，只有你占据主动地位，你才有资格谈把利润分出去，才有资格谈自己少赚一点。

关于这一点，李嘉诚先生又说：“做人如果可以做到‘仁慈的狮子’，你就成功了！仁慈是本性，你平常仁慈，但单单仁慈，业务不能成功，你除了在合法之外，更要合理去赚钱。但如果人家不好，狮子是有能力去反抗的，我自己想做人应该是这样。仁慈是出发点，狮子是实现仁慈的力量保证。”

总之，在兵战领域里，小胜以力取，大胜以谋功。大胜是一种更高的胸怀和境界，大胜不是胜利本身，是胜利背后的和平共处的秩序；同理，赚得了利润是小胜，构建一个共赢的能持续获得利润的秩序才是大胜。

企业家的战略思维

具有全胜战略思维的企业家，李嘉诚先生可以算一个，说白了就是他懂得去平衡各利益相关方的关系，懂得并且也有能力去维护一个和谐的商业环境，而不是自身利润最大化的杀鸡取卵，破坏产生利润的生态链。

除此之外，日本著名实业家、哲学家稻盛和夫先生也可以说是一个具有全胜战略思维的企业家。稻盛和夫先生一生中创下两个世界五百强，他的总结性著作《活法》、《干法》以及《阿米巴经营》前几年都很“火”，很受企业家及其他工商业人士欢迎。他有没有受到过《孙子兵法》的影响，我们不得而知，但是在央视对他多次的访谈中我们可以看出，他的经营“秘诀”，就在于他那“辛苦流汗、员工至上、敬天爱人”的哲学思想，而他这种哲学思想与《孙子兵法》的制胜逻辑及全胜思想其实是一致的。

首先是辛苦流汗。辛苦流汗是稻盛和夫先生抵抗危机的哲学，他在回答央视主持人提问时说道：“日本在 20 世纪 70 年代后半期到 80 年代前半期出现了十年的泡沫经济，房地产价格飞涨，许多人投资房地产，投资股票市场，成了暴发户。这时候银行的人来找我，劝我购买房地产。他们说大家都买了，都赚钱了，你们公司资金雄厚，在银行存了那么多钱，银行利息又很低，你们也买不动产吧。但是我觉得我们要靠自己流汗去赚钱，我们不愿意靠投机发财，因为我具有这样的哲学，所以拒绝了他们的要求。我们坚持认认真真搞生产制造，我们靠自己辛勤劳动，获取适当的利润就可以了。十年之后泡沫经济破裂，曾经靠投机赚了大钱的那些人，一个个都债台高筑，都痛苦不堪。我们却没有遭受任何损失，很多报社记者来对我说，为什么你在泡沫经济的时候没有受到任何损害呢？他们说你太有先见之明了。我说我没有什么先见之明，我缺乏靠投机发大财的才能，我不会借钱去买房地产，正因为我比较笨，所以才没有受到损害。靠投机追求暴利是一种过度的欲望，不劳而获的利益我不稀罕，那些追求暴利的人，他们可能一时会成功，但是他们的成功绝不会长久。”

那么为什么辛苦流汗就能抵抗危机呢？我们分析一下经济危机的本质就可以知道。大致的情况是：经济危机→需求缩减→顾客减少→让已不多的顾客选择你→为顾客提供更多的价值→企业竞争力→平时的修炼（辛苦流汗锻炼成的竞争力）。

经济危机的本质是需求的减少，在总体需求上升的大好环境中，竞争力强的企业和竞争力不强的企业都能分得一杯羹，但一旦经济形势发生逆转，经得起考验生存下来的企业，一定是有竞争能力的企业。因为他们的成功是基于能力的成功，且这种能力是靠长期以来，在客户的苛刻要求以及自身的严格要求中，即在长期的辛苦流汗过程中锻造出来的，而以前能生存现在就不能生存的那些企业是基于机会（宏观大环境）的成功，说明企业要能抵抗危机，长期地发展下去。

光靠投机取巧是靠不住的，企业必须有自己的竞争实力，这与《孙子兵法》的先胜思想是一致的，只有平时修道保法，打好基本功，制造绝对优势才是最可靠的取胜方法，而投机诡道就未必是。

反观很多中国企业，似乎大多都是基于机会的成功，或基于投机的成功。稻盛先生辛苦流汗的经营哲学一方面给暂时取得重大成功的中国“优秀”企业敲起了警钟，另一方面也给我们阐明了世界级优秀公司真正的成功之道。

如果深入了解，其实我们还可以知道，受益于中国改革开放的政策，因长时期被压制的中国消费市场在短时间内发生“井喷”，而正是因为这一井喷，也就成就了一大批中国企业以及企业家的快速成长，从逼近世界五百强的联想、海尔，到一般的大中小型企业，中国市场一片繁荣。前些年中国经济每年都以10%以上的速度在快速增长，这一切似乎都在说明，中国企业离世界级别不远了，与世界发达国家平起平坐的时机到了。正在众多人都为中国企业取得的成就沾沾自喜的时候，我们必须思考的是：中国企业业绩的增长难道就可以直接等于企业的强大，可以逼近世界级标准了吗？其实我们的企业离世界级标准还远着呢！

远在哪里？远就远在中国企业目前取得的成功是机会或环境造就的成功，而不是核心能力驱动的成功，是个人英雄造就的成功而不是组织机制及组织能力造就的成功，而恰恰前两者都是不可靠的，都是不可持续的。无论是市场环境、资源优势，还是企业家个人能力，都是不可持续的。把环境造就的一时成功，视为天经地义、毫无羞愧地邀天功据为己有，一旦优越的市场环境发生变化，中国的很多企业就会死路一条！

家境好的孩子，很多都没好好培养生存能力，一旦家道败落，只能去讨饭吃。由此看来，家境好有时也会坏事。同理，市场环境好造成的繁荣假象也会让中国的企业丧失生存能力。宝洁公司之类的世界级优秀企业为什么优秀？他们的管理能力为什么那么强？为什么经济危机都摧不垮他们？在我们看来，完全是源于竞争，是恶劣的市场环境造就了他们强壮体魄。事实说明，在市场需求有限的条件下，为了争夺顾客，就必须比竞争对手为顾客创造更多的价值。如何创造？靠管理，向管理要效益，管理也就由此而诞生，没有竞争，是不需要管理的。垄断的国有企业，他们不需要管理，业绩也同样好，只有当有众多的企业争夺有限的顾客的时候，才需要管理。这也就是为什么很多企业管理乱得一塌糊涂，但一点也不影响他的业绩的主要原因，因为还没什么竞争，至少因为没有充分竞争。

毫无疑问，未来的市场环境将变得更加恶劣，“好日子”再也不会有了。因此，想跟经过了数百年市场洗礼和竞争考验的世界级企业较量，中国企业那点管理水平以及竞争能力还差得很远，中国企业唯一可以做的是，不要被好环境“惯坏”了自己，夏天的时候，准备好应付冬天的体魄。

《孙子兵法》与稻盛和夫思想比较

稻盛和夫经营哲学中的“员工至上、敬天爱人”的思想，与

《孙子兵法》中的“上下同欲”之“道”及全胜思想是一致的。

在不同的企业，股东、客户、员工的利益谁排第一位，都有些不同，当问到这个问题时，稻盛先生毫不犹豫地选择了员工。他说：“经营者珍视员工，员工就会拼命工作，员工要为自己的幸福着想，他就自然会努力去为顾客着想。另外如果员工努力工作的话，企业效益就会提高，这样股东也会高兴。所以问题的核心就是让员工幸福，这样才能构筑一个让员工、客户、股东都能满意的环境。”

在军队里，将领也只有把士兵的利益放第一位，爱兵如子，才能赢得干部士兵的真心拥护，一致抗敌。

吴起是战国时期的大将。吴起治军一个突出特点，就是爱兵如子，因而深得人心。有一年，吴起统率魏军进攻中山国，军中有一个青年士兵，身上长了毒疮，痛得他满地打滚。吴起看到后，心急如焚。他听人说，毒疮里的脓血不排出来，病是好不了的。当时的医疗水平较落后，加上是出征的途中，各方面条件都很差，要想排出脓血，只能用嘴巴去吮吸。为了解除士兵的痛苦，吴起不顾毒疮的又脏又臭，亲自用嘴巴吮吸毒疮，脓血排尽了，士兵得救了，这个士兵感动得热泪滚滚。吴起为士兵吸毒的事情，在军营中传为佳话。由于吴起爱兵如子，治军有方，公元前 409 年，吴起率兵讨伐秦国，所向披靡，一连攻克 5 个城池，夺得了西河地区。此后，在他镇守西河的 27 年间，先后率军与诸侯大战 76 次，全胜的就有 64 次，这与他体贴下士，治军有方是分不开的。

在企业管理领域，海底捞也是一个典型的案例，像海底捞这种一不靠技术，二不靠垄断资源的企业，它的核心资源就是员工。海底捞把员工服务好，员工把顾客服务好，就是海底捞经验的全部。可以说，海底捞的成功归根结底是尊重员工的成功。公司尊重员工，员工就越会尊重自己，觉得自己重要；员工觉得自己重要，就越会重视顾客，把顾客服务好，为顾客创造价值；员工为顾客创造了价值，就越会赢得顾客和其他人的尊重，从而让员工觉得自己存在的意义，如此员工就越能发挥主动性和创造性，为顾客创造价值，为企业创造价值，形成一个良性循环。

最后，我们再来说说敬天爱人和全胜思想为什么是一致的。

> 稻盛先生在访谈中说："日本的'明治维新'是日本从封建社会走向现代国家的一次革命，当时在日本社会非常活跃的一位革命的领袖人物，是与我同乡的一位伟人，叫西乡隆盛。他的心灵非常的纯洁，没有私心私欲，是一个无私的人。无私，就是忘我。他留下的人生格言就是敬天爱人——敬奉天理，关爱世人。天指的是天道，在中国就是良知，同时要爱人，爱他人，为他人作奉献，这是西乡隆盛说过的话。我从小就受教于这句话，所以我在建立公司的时候，就把敬天爱人作为经营企业的最高准则，用我的一生来实践这句话。"

其实，敬天就必须爱人，爱人就是敬天的表现，只会爱自己，那是自私，人类一定不会和谐。只有爱自己的同时也爱别人，追求利润的同时为顾客创造价值，才符合天道，用孟子的话说就是，只为自己是"利"（小利），只有"老吾老以及人之老，幼吾幼以及人之幼"，要懂得推己及人才是"义"（大利），人与人之间的关系才会和谐。

利：只为自己
大利：大利即义；利益之上的追求

胜：简单的战胜对手获得利益，百战百胜
全胜（或大胜）：胜利之上的追求；和谐的秩序

图 10　利与胜的博弈

同理，简单地战胜对手获取利益，只知道爱自己，那是小胜，只有在能够让自己立于不败之地（爱自己）的基础上，爱别人，讲仁义，追求利润，真正为顾客创造价值，追求胜利之上和平共处的和谐秩序，才是大胜。

定位问题和管理问题

我们在前面已经分析过，《孙子兵法》的制胜之道就一句话——以实击虚，即整合资源向对方虚处发力。这就涉及两个方面的问题，一是确定进攻方向（捕捉或制造空隙）的问题，二是整合或集中资源的问题。两方面都很重要，因为无论哪个方面做得好，都是营造我实彼虚之势的用力方向。

方向选择对了，如入无人之地，“进而不可御者，冲其虚也”“行千里而不劳者，行于无人之地也”，假如实在找不到突破口，整合我方资源，让我方实力超过对方，可以选择集中攻击对方的某一点，那么取得胜利也是有可能的。移植到商业经营管理中来，方向问题其实就是定位问题，而整合资源问题即是团队的管理问题。

从整个企业的角度来讲，定位问题就是战略方向、宗旨使命的问题，管理问题就是执行问题，从营销的角度来讲，定位问题就是选择细分市场的问题，管理问题就是围绕定位的整合传播及一致性运营问题。无论是整个企业的战略方向确定，还是细分市场的选择，无非就是选择自己有比较优势的领域；也无论是战略执行问题，还是营销一致性运营问题，无非就是集中人力物力财力往一个方向使罢了。

记得曾经有记者问海尔集团的董事长张瑞敏："你在企业中应当是什么角色?"张瑞敏回答说："第一，应是设计师；第二，应是牧师。"事实上，设计师的任务就是确定方向目标和实现目标的路径，而牧师的任务就是组织宣传，资源整合，让企业里的人心往一处使，财力物力往一处使。显然，前者是方向定位问题，后者是管理问题，两者结合起来就是《孙子兵法》中以实击虚思想在商业竞争中的具体体现。

由此可见，什么才是真正的优秀领导者？一是要有战略前瞻思维，二是要有一呼百应的号召力。有战略前瞻思维就能发现别人发现不了的机会，而号召力就能整合资源往那个方向进攻。

现在我们再回过头来看两句很流行的警句：选择不对，努力白费；选择要谨慎，执行要坚决或选择要准，执行要狠。没读《孙子兵法》的时候，也许对这两句话只是迷迷糊糊知道它说得有道理，却说不清楚它为什么有道理，现在回过头来想想，我们一定比以前的理解要深刻得多。

不管是战争，还是商业，或者是人生职场，处处都充满着竞争，也就是说，你想要的东西，别人也想要。在僧多粥少的情况下，想要成功获得一碗粥喝，就得与众僧较量，把众僧都超下去，你才有可能获胜。因此，选择对不对，就显得非常关键，因为只有选择你有优势的领域再去与人较量，你才有可能赢过别人。“女怕嫁错郎，男怕入错行”，并没说哪个男人不好，也没说哪个行当就不行，而是说哪个行当适不适合，“入错行”本质上就是选择了一个自己没有优势的行业，而选择了一个自己没有优势的行业，你可能永远都无出头之日。因为你在努力，别人同样也在努力，况且别人有优势，努力起来有效果，做起事来顺风顺水，而你没有优势，不擅长做这个，努力了效果也不会大。因此，“股神”巴菲特有一句名言说：“待在那些你有优势的领域去，不要随便走到别的领域去。”投资大师罗杰斯在写给女儿的信中也写到：“假如你涉入自己不懂的事物，那你永远不会成功。假如你对自己不了解的东西下注，这不是投资，这叫赌博。”选择不了解的领域或选择自己不擅长的领域，还要竞争过其他人，基本上是没戏的。

企业与企业之间的竞争也是一样。隔行如隔山，每个行业都有每个行业独特的成功之道，你的企业不了解或不擅长某个领域就一定竞争不过其他企业，这也就是为什么企业必须做“SWOT 分析”的根本原因。因为只有选择对了，才有胜出的可能，选择对了，不战而胜，选择不对，再多的努力和投入都无济于事。对于“成功＝99%的努力＋1%的天赋”，我们不要去怀疑其实1%的天赋往往比99%的努力还是重要得多，这句话说的就是选择的重要性问题。

因此，真正的成功之道，不是向外看，看到别人做什么做得好就跟着做什么，而是要向内看，看自己能做什么，努力做好并发扬光大。因为别人做得好，说明别人是有优势的，你跟着去做，假如你没有这样的优势，那你就是用你的劣势去跟别人的优势竞争，肯定不会成功的，因此必须找出你的优势。无论在职场还是创业，能保持比较优势的圈子有多大，你的成功就有多大，你在圈子里有比较优势，说明在那个圈子里你能竞争过别人，把自己或自己的产品卖出去。

现实中也有很多这样的例子，把一件自己擅长的小事，不断发扬光大，最后做成了大事。一把木梳子很简单吧？但谭木匠就把他做成了品牌；老干妈就更是，就一瓶辣椒酱，也能做到国外；一杯简单的奶茶，也有无数的企业把它做成了气候。

既然选择对于成功很重要，那么就不能随便马虎了。无论是企业还是个人，无论是做什么决定，一定要考虑清楚，要做一个周密的分析，弄清楚优势、劣势、威胁和机会后，再判断做还是不做，往哪个方向做，而一旦做了决定，就不能再狐疑了。尤其是高级管理者，高管一犹豫，该投入的不敢投入，军心必定要动摇，人心都不在那里，也不可能让其他企业资源有个充分的集中。资源不集中，什么都想做，什么都要做，想战胜集中了人力物力做同样一件事情的对手，岂不是异想天开？有所不为，才能有所为，专注才能专业。假设一家企业什么都想做，那么必定要分散资源和精力，战线一拉长，再想超过集中精力做一件事情的对手，又岂不是白日做梦？

有人说史玉柱是个商业天才，做生意胆子够大，投资都是大手笔的，做起广告来挥金如土，似乎不必考虑后果一样。但事实上这仅仅是他执行力坚决的一面，而他在选择投资项目异常谨慎的一面却被很多人所忽略。史玉柱在总结他多年的创业经验时，就表达过这样的观点：宁可错过一百个机会，也不错投一个项目。在经历过人生的大起大落、大落又大起之后，史玉柱无论在什么样的情况下选择投资项目，都是特别的谨慎，而一旦选择了，就异常的执着，不像其他人，天天寻找项目，这个想尝试，那个也想尝试，最后什么都做不好。有的人在选择项目的时候根本没有认真考虑现实情况，看到别人赚钱就效仿对方，跟风创业；还有的人，只要瞅着一个看似不错的商机，就立即上马相关的项目，完全不顾现实的可行性。

当然，无论是正确的选择，还是坚决的执行，这两方面都很重要，只有方向对了，选择自己有优势的领域去做，执行起来才会势如破竹，“故善战者，求之于势，不责于人，故能择人而任势”，方向不对，执行起来就很麻烦，好比公司开发新产品，真正选对了自己有优势的方向，开发了有优势的产品，销售人员卖起来就不那么吃力，甚至顾客还会上门来找。当然，也只有坚决地执行，专注于这一领域，才能保证既有优势的延续性，不然的话，对手很快就追赶而上，我实彼虚之势很快就会消失。因此，有些人说“战略决定成败”，又有些人说“细节决定成败”，到底是战略决定成败呢，还是细节决定成败？我们自可细心去体会。

以上是从整个企业的战略定位和管理的角度来谈的，实际上，从产品或品牌营销的角度来说，道理也相通。一个新的产品或新的品牌，必定要提供新的价值，这种新的价值是不是顾客想要的，是不是竞争对手所不能提供的，决定了新产品或新品牌的成败，这也是选择问题，定位问题。是顾客想要的，而竞争对手又不能提供，或者提供的东西不如我，我实彼虚之势形成，在获取交易机会的较量中，顾客肯定选择我们。而定位对了，接下来才是如何围绕这个定位，为顾客创造价值，包括物质上的价值和精神上的价值，以及传播这个价值，让尽可能多的顾客知道；而无论是创造价值还是传播价值，都必须围绕定位进行，否则，创造价值没有方向，传播价值没有主题，这个广告这个主题，那个广告那个风格，一定形成不了合力，资源分散的后果就是资源浪费，起不到作用。

事实上，打广告也要遵循以实击虚原理，要么不打广告，要么就一定要上一定量，广告公司都会那么要求的，因为只有比竞争对手的广告频率大，覆盖面越广，广告战才能取得胜利。当然，好比“田忌赛马”，并不是说一定要在广告费的绝对数字要超过对手，而是说在投入了广告的媒体渠道中一定要以绝对的优势超过对手。

专业化与多元化

上面我们分析了，捕捉空隙的问题就是选择问题，方向问题，而整合资源（用兵法术语来说就是“积筹”“运筹”）就是管理问题。管理问题的实质就是资源配置的问题，即如何让人力物力财力往一个方向使并发挥最大效益的问题。对于企业经营来说，假设方向只有一个，战场只有一个，那么资源就可以达到相对的集中，并容易形成相对优势。假设方向不止一个，有多个战场，那么企业的资源必定要分散在各个战场，这样要形成相对优势就会难一些。

显然，整合资源往一个方向上前进，那是专业化，而整合资源往多个方向前进，是多元化。至于企业到底要专业化还是多元化？其实也没有定论，因为不同的企业有不同的情况，要具体问题具体分析。但有一个根本原则是不变的，不管你多元化也好，还是专业化也罢，在较量的领域，投入的人力物力财力要超过对方才有获胜的可能。假如企业资源雄厚，尽管资源分散在多个战场，仍能有相对优势，此时多元化也未尝不可，毕竟多元化也有多元化的价值。

多元化也分相关多元化和不相关的多元化，相关多元化又分为横向相关和纵向相关，假设是不相关的多元化，如果方向确实错了，鸡蛋没有放在一个篮子里，也不至于全军覆没，假设是相关的多元化，也有整合协同效益。

当然，假设企业资源相对薄弱，最好还是专业化，因为本来就资金少人才少，还要在多个战场战斗，要胜过资源雄厚的大中型企业，是不太可能，况且也只有选择大中企业忽略的或不重视的领域，集中资源去做，才有胜出的可能。

应该说，大多数人或大多数企业的失败的根本原因不是因为无路可走，而是走的路太多。走的路太多而自己又没有自制力，什么都想干，什么都干不长，最后在什么领域都没有形成优势，而等到别的人或企业形成优势，或者外来者入侵，来一个整合洗牌的时候，已经晚了。与此相反，那些无别的路可走的人，却能在一条路上坚持下去，日积月累地坚持和努力，最后形成自己的比较优势，竞争过别人或企业。从某种意义上，这也可以解释为什么很多高才生一辈子下来业绩平平，而一些小学都没毕业的人当了老板并创造出一番丰功伟业的重要原因。因为他们小学都没毕业，工作不好找，可选择的路不多，最后被逼走上了创业之路，而那些高学历的高才生就不一样了，因为可选择的路太多，最后在哪一条路都没有走顺畅。

商战三法则

在前面我们已经说过，无论什么行业，也无论什么商业形态，商业的本质就是创造客户认为好的产品并与之交换，而利润就来源于与客户交换赚取的差价。产品是核心，交易是本质，所有的努力都是为了交易的达成，因此，商业的竞争，本质上就是获取顾客或获取交换机会的竞争。如何超越对手从而获取更多的顾客？如何让客户选择你而拒绝别人？关键在于要获得顾客的认同；而要获得顾客的认同，除了恰当的传播，说服顾客外，关键在于要比对手为顾客提供更多的顾客价值，比对手服务得更好，即获得比较优势，让顾客的总价值与总成本之比最大化。

那么，如何获得比较优势呢？其实无非就两个方法：一是选择在自己本来有优势的领域与对手较量；二是在相同的领域，通过自身努力制造出比较优势或绝对优势。

显而易见，前者是选择的问题，是定位的问题。“进而不可御者，冲其虚也”“行千里而不劳者，行于无人之地也”，选择敌人虚弱之处进攻，无往而不胜。这个原则在商业里的具体应用，就是要选择空白的细分市场（空隙），至少也得选择自己有优势的领域，生产其他人没有的东西，这在商战三法则中叫“人无我有”。人无我有是选择的胜利，是不战而胜，靠的是把握先机的能力，永远走在别人前面的能力。

我们再来看，在相同的领域，通过自身努力制造出比较优势或绝对优势，显然这是属于管理的问题。进一步讲，就是如何提升效率或消化成本的问题。在相同的领域，通过自身的努力，在为顾客供应相同价值的前提下，自己的成本更低，或在相同的成本条件下，还能为顾客提供附加价值或降低顾客的成本，当然，也可以是放弃其他的战场。集中企业的资源专注于某一领域，从而制造比较优势，这在商战三法则中叫“人有我优”。

另外，通过创新主动“制造”空白细分市场，为顾客创造独特的价值，这在商战三法则中叫“人优我新”，这其实也是选择的胜利，只不过靠的是创新能力。

为此，我们可以去纵观所有的商业竞争之道，归纳起来其实就3句话：人无我有，人有我优，人优我新。事实上，所有的商业管理教材都得为之作了注脚，一者是创新经济，二者是管理经济。

企业是决心创新制胜，向创新要利润，还是管理制胜，向管理要效益，决定了企业的竞争战略，即决定了企业的努力方向及资源配置，尤其是人力资源配置。若你的企业创新取胜，那么创新人才是您企业所欢迎的，也是你的团队核心，打造吸引和留住创新型人才加盟的企业文化和组织制度，是企业管理者所应该思考的，若你的企业靠成本取胜，那么你的企业就有必要提高管理效率、加强流程管理，等等。

上面我们已经说过，学习《孙子兵法》，一方面要从总的竞争之道角度来学习应用，即《孙子兵法》以实击虚这一根本制胜原则本身的学习应用；另一方面就是如何具体地去营造我实彼虚之势的学习应用，包括让我方实（管理团队），让对方虚（捕捉或制造空隙，确定方向）。很显然，无论是捕捉新的市场需求、选择独特定位，还是不断创新，都是让对方虚的方法应用，也就是人无我有，人优我新。在提供相同的产品或价值的条件下，能为顾客提供更多的附加值或便利性，是需要企业实力或效率来支撑的。因为同样的价值别人不能获利而我们却可以，靠的就是管理能力或效率，那是让我方实的方法应用。

企业的战略管理

那具体如何做到“让我方实（管理团队）、让对方虚（捕捉或制造空隙，确定方向）”？跟军事上一样，既有战略上的需要平时长期坚持的方法（积筹、练内功），也有战术上的临时随机应变的策略计谋（运筹）。在商战领域中，原则上无非就是选择正确的方向，加强团队建设，提高管理效率，不断创新，锻造企业核心竞争力，形成绝对优势；而在具体商战运作时，即是运用一些管理技巧，集中资源，专注某一市场或某件事，或制造机会，形成相对优势（见表4）。

表 4　　企业管理中战略与战术的运用

	努力 管理/执行	选择 战略/定位/方向
战略上	管理效率/创新 组织制度/企业文化	战略定位/使命
战术上	管理术/运筹术	捕捉机会/制造机会

无论是“让我方实”，还是“让对方虚”，都有战略上和战术的方法，从战略上的“让我方实”应用到企业管理中，即是企业的战略管理。值得一提的是，企业的战略管理不同于企业战略的管理，企业的战略管理是从宏观上，从组织机制上加强企业的组织建设，搭建管理体系，以增强企业的核心竞争力，也就是增强为客户创造价值的能力，获得客户实现客户交易的能力，而企业的战略管理却单单是企业战略的规划及落地执行。当然企业的战略管理也不同于企业的日常经营管理，日常的经营管理是日常的短期的目标计划、组织及执行。

对于具体如何从宏观上加强军队的战略管理或企业的战略管理，《孙子兵法》中确实没有过多的内容，只是从“道天地将法”等“五事”“七计”及“令之以文，齐之以武”等内容概括性地一笔带过，虽然如此，但这几点确实也是企业的战略管理的大部分内容。虽然《孙子兵法》中没有进行深入细致地阐述，但是当我们学习了《孙子兵法》之后，再回过头来看看西方的一些管理理论和方法就会发现，其实很多管理方法比如企业文化、目标管理、流程再造、绩效考核、平衡计分卡、六西格码等，都是一个个为增强企业运作效率或创新能力，即“让我方实”的管理工具。我们完全可以像孙武把儒道法各家思想整合进来一样，把西方的那些进行了细化的现代管理方法整合进来，如此就能不断丰富我们的管理方法，而不会囿于《孙子兵法》的只言片语。

当然，我们必须明白的是，西方的管理方法既然是工具，那就好比扳手，好用我们就用，不好用就换一把。有时也只有把那些管理方法“工具化”才能从其中的框框中跳出来，以基本原则的不变而应具体场合的万变，否则我们都很容易忘记事物的本质而陷入教条的框框中去，这是我们值得注意的地方。

我们还应该知道，其实无论什么管理方法和管理手段，目的都只有一个，那就是增强企业的竞争合力，而且这种竞争合力虽然最终都得体现在管理效率和创新能力上。因为只有在管理效率或创新能力上比别人强，才能谈得上竞争过别人，获得更多的交易机会。但这种竞争力的获得最终也得靠人去实现，犹如在战场上，一支部队战斗力的大小，在人数不能迅速增多或减少的情况下，很大程度上决定于这支部队士兵行动的一致性、进取性以及专一性。

下面，我们来讨论一下打造企业核心竞争能力。

表 5　　打造企业核心竞争力的要素

竞争力（合力） 共同的目标　合作的意愿			
一致性（凝聚力）	进攻性（狼性/士气）	专一性	主动性（自主意识）
利益一致，同舟共济； 价值观一致； 赏罚制度； 投之险地，明必死之路，开必得之门	企图心：仇恨或威胁刺激和功名利禄激励； 必胜信心：有利因素	专心致志	做司机而不是做乘客； 充分授权，承担责任； 在规则和程序之下，充分发挥自主性和创造性； 大原则确定，小变通自主； 原则性与灵活性相结合

第一，打造企业核心竞争能力，首先要形成行动一致，即《孙子兵法》中所讲“可与之死，可与之生”。要实现行动的一致性，一方面靠“道”，即“上下同欲”，只有利益一致，价值观一致才能真正上下一体；另一方面就靠“法”，用赏罚制度去约束人的“越轨”行为，因为按荀子的“性本恶”的说法，人性是懒惰的，是趋利避害的，因此，即使是在大体上实现了利益一致、价值观一致的情况下，人都还是有局部上自私的一面，懒惰的一面。要克服这种人性自私、人性懒惰的一面，就有必要采取法治的方法，即《孙子兵法》原文所言，在“令之以文”之外，还得“齐之以武”，才能保证队伍行动的一致性。这就像拔河比赛一样，只有行动上实现了一致，大家都往一个方向使力，力量才能聚焦在一块，竞争力才能凸显出来。

第二，打造企业核心竞争能力，还需要团队具有进攻性。因为只有一致性或具有凝聚力的组织，未必就一定会朝着提升管理效率或创新的方向去努力，或者说未必就一定会朝着实现组织不断发展壮大而努力，也可能会集体沉沦或集体原地踏步，不思进取，企业发展反倒不如松散的组织团体，这也就是所谓的团队士气。现在有很多公司都在强调“狼性法则”，其实也就是讲组织成员的进取性。人的进取性也就是人的激情，它一般都不是恒定的，除非是圣人，内心拥有强大的动力和恒心，或者本身就有很强的进取心的人，否则都需要外在的东西时时去刺激；而刺激人的进取心，一方面靠功名利禄去驱使，另一方面靠仇恨或存在的威胁去刺激。总而言之一句话要通过外在的事物去刺激麻痹的神经，使之奋发振作起来。

当然，能够通过外在事物去刺激而产生实效，说明人还是有所好恶。人有好恶，故赏罚可用。假设没有什么追求，也无所畏惧，那这种人最好不要出现在团队里，所谓“天子不能臣，诸侯不能友”，那种人是“世外高人”。

第三，打造企业核心竞争能力，还需要组织具有专一性。上面我们在谈专业化及多元化的时候就已经谈过，有竞争力的企业一般都是非常专一的，把一件事当成信仰，坚定不移地去做，全力以赴去做，最后就成功了。我们看《阿甘正传》，阿甘的成功就是傻子式坚持的成功，这方面德国人比我们要强得多。中国文明是农业文明，是陆地文明，农业生产依赖于天和地，古代人对天地及人更多的是做整体性关照，因而也训练出整体性的形象思维。而西方文明是商业文明，海洋文明，商业交往必须与数字打交道，数字推理又训练了西方人的逻辑思维和抽象思维。

在某种意义上说，中国人的善变性与西方人的原则性，实际上是思维模式不同造成的结果。中国人的思维是灵活的，不死守常规，而西方人的思维是直线的，讲逻辑推理。暂且不论中国的变通思维与西方的线性思维孰优孰劣，不得不承认的是，仅对执行力和专注力这一点来说，中国人的变通思维确实不利于执行力的提高。变通，也就意味着聪明，想法多，会拐弯，你走你的路，我走我的路，最终很难形成合力，所以中国人的组织多半是内耗的组织，注意力不够专一，做事也不够认真，因此做出来的产品，质量比不过人家也是自然而然的。

第四，打造企业核心竞争能力，需要员工的自主性。员工都能自动自发地投入工作，都能自愿承担责任，是每一个企业主都希望看到的，员工具有自主意识也是评判组织竞争力的重要因素。但现实的情况是，老板抱怨员工没有主人翁意识，员工抱怨老板没把自己当主人，究竟是谁的问题，大家都说不清楚。员工缺乏自主性，看似是企业里的问题，实际上跟中国长期以来的集权主义文化不无关系。

在西方，在一个组织的不同个体能够以契约建立合作关系，成员之间是民主平等的，也正是在契约精神的规范指引下，每个人都能在成员们都已经认同的规则和程序下，充分发挥自主性和创造性，并在组织里获得自己想要的东西，但在中国不行，一切都是“老大”说了算，所谓“普天之下，莫非王土，率土之滨，莫非王臣”，连人都是皇帝的，谈什么自主。既然无自主，说了不算数，那干脆就做奴隶，把自己交出去吧。在企业里的具体体现就是，无论大事小事都是老板说了算，因此无论出现什么问题都要老板一人担着。员工的逻辑就是，谁叫你是老板呢，我们是打工的，是用自己的劳动力换取工资的。至于企业真做成什么样，跟自己没关系，也不愿意去多想，如果要去想，那还不如自己去做老板；而老板的逻辑是，企业是我的，凭什么我说了不算，要听大家的。因此，从整个文化氛围来说，中国人要么就做皇帝，做个人英雄，要么就做奴隶，把自己交给皇帝，没中间状态。在企业里，要么就是自己做老板，要么就去打工，把自己交给别的老板，从没有互相合作一说。

在一个企业里，不管你是做老板，还是做员工，其实大家可以各取所需，可以平等相处的；而真正要突破这个框框的关键，还是需要建立规则。在规则之下充分授权，实现权责对等，也就是大原则一起来确定，小问题员工有充分的自主。原则性与灵活性相结合才能既保证不出现原则性错误，又能充分调动员工的主动性和创造性。所有人都动起来，千斤担子人人挑，人人头上有指标，才能真正提升组织的竞争力。

在这里，我们从宏观战略的角度，分析了企业如何谋取绝对优势，即从提升管理效率或增强创新能力方面着手去打造企业核心竞争能力。

最后值得一提的是，无论是效率的提高还是创新能力，最终都得归结到“人”。企业员工是第一要素，因为人是企业资源的调配者和整合者，也是新事物的创造者；且企业能力的形成不是一朝一夕就可以办到的，也不是某一个人（老板或高管）可以办到的，必须依靠整个企业团队长期的互相合作与共同努力。因此，企业必须从战略高度，建立一套有利于形成竞争合力的企业机制，包括企业文化、作业流程、管理制度等等。即建立有利于创新，有利于减少成本或有利于把握先机能力的企业文化和企业组织机制，激发员工的潜能，加强流程管理，减少成本，发挥资源的最大效用。而这也就是《孙子兵法》中五事七计、修道保法、先胜的内容。

商战运筹术

在分析商战运筹术之前，我们可以做个假设，假设你现在就被某企业聘为 CEO（首席执行官），但你刚刚上任，很难在短时间从根本上去改变一个企业在行业中的地位。这是因为，是大公司就是大公司，是小企业就是小企业，创新能力强就是强，弱就是弱，管理效率高就是高，低就是低。企业资源实力是无法在短时间改变的，只不过碰到实力强的企业，与那些弱小对手竞争，实在不需要什么技巧，但是对于大多数实力一般的中小企业，面对大型企业的排挤，要能生存下来，的确需要一些智慧的，这个智慧就是商战运筹术。

我们知道，为营造比较优势，除了从战略上建立有利于培养创新能力或提高管理效率的机制和文化外，我们还可以战术上“分合为变”，一方面可以集中我方力量，另一方面就是分散竞争对手的力量，即去破坏对方的防守力量，削弱对方与我方战斗的力量。下面我们先来谈谈前者。

在兵战中，临时调动机动力量、选用先进武器、任用优秀将领、选拔精锐部队、占领有利地形、鼓舞士气等，都是集中我方战斗力量的重要方法。其实在商战中，也是同理。假设现在公司要做一个新的项目，没有碰到竞争对手，那还好办，人无我有，但这种情况不多。一般来说你想做的一定也有其他人想做，或者你一出手别人就立马跟进。当碰到有强劲竞争对手时，要能取得项目的成功，必然要在人力物力财力等多方面的资源进行倾斜，想不投入又能获得胜利，是不太可能的。因此，越是在竞争激烈的行业里，就越是要集中资源。企业间的竞争是这样，人与人之间的竞争也是同理，要赢得胜利，就得集中资源或集中精力，这也就是为什么专注的人容易取得成功的根本原因。因为专注，实际上就是集中了资源或精力，在某一领域里能比别人形成比较优势。不专注的企业或不专注的人由于分散了资源或精力，导致的结果就是处处都没有形成比较优势，处处都不如别人，最后一事无成。就是如万科这种本来在多元化战略方向做得挺好的企业，为了能在行业中竞争胜出，最后也不得不缩短战线，不断做“减法”，集中精力于地产行业。

个人要专注某件事情，集中精力于某件事情，靠的是减少过多的欲望，不被外界的花花世界所诱惑，当然这些做起来确实也是非常难。儒、道、释的修炼基本上也就是教人如何专注的修炼，《大学》上说的“知止而有定，定而后能静，静而后能得”，道家说的“知止则不殆”，佛家说的“定能生慧”，都是一个道理。只有专注一样，最后才能做得不一样，只有不变才能应万变。

当然，整合资源不仅仅是企业内部的资源，还可以是外部的，比如ITAT模式（一种传统行业通过新技术创新的商业模式），为什么那么受投资者看中？就是在于它整合了房地产和服装生产商剩余生产力资源。我们知道，在军事战争中，要取得战争的胜利，我们可以统一战线，联合一切可联合的力量。在商战领域里也是一样，我们也可以整合产业链中各优势环节中的资源，为自己所用，只不过说法不一样而已。比如沃尔玛要与供应商联合起来，为的就是联合起来共同提升效率降低成本，以此把竞争对手比过去。现代企业的竞争是价值链之间的竞争，也就是说，比的不单是企业与企业之间的实力，而是企业以及企业外部资源整体实力的对比。

另外，我们知道，企业资源包括人力、物力和财力，各类资源对于企业的生存与发展都很重要。但人力资源又有其特殊性，因为财力、物力是死的，而人力资源是活的。换句话说，人力资源的潜力是无穷的，只要得到恰当的安排和激发，人的主动性和创造性得到挖掘，就能创造成倍的价值出来。因此，除了在宏观上搭建激发人的主观能动性的机制外，我们在日常的经营管理活动中，更是常常会对团队成员进行激励，鼓舞团队士气，让人力资源的潜力充分发挥出来。这方面《孙子兵法》中也没有过多的笔墨，具体如何做，这属于领导力的范畴，对于这方面我们还得学习很多，或许干脆就这样说，现场的激励能力本来就是一种天生的能力。很多优秀的领导人，也许没有其他本事，但一张口就能影响很多人，一张口就能让人热血澎湃，让人心悦诚服，让团队士气提升起来。对此，我们该如何去学？也许优秀的领导自己也难以说清楚，因此可以说，管理既是一门科学，也是一门艺术。

《庄子》里面的一个有趣故事：有一次，齐桓公在堂上读书，老匠人轮扁在堂下砍削木材制作车轮。轮扁就问齐桓公读的是什么书，齐桓公说是记载圣人之言的书。轮扁又问这个圣人还在不在，齐桓公说已经死去了。轮扁说既然圣人已死，那么圣人的书就是圣人留下的糟粕。齐桓公很生气，认为他一个做轮子的匠人根本不懂，并让轮扁说出道理，否则就要处死他。轮扁当时已经70多岁了，他认为自己制作车轮的经验是从亲身实践当中获得的，但却无法明白地告诉自己的儿子，他的儿子也不能从他这里得到做轮子的经验和方法。所以古代人和他们所不能言传的东西都一起死去了，他们的书不过就是古人留下的糟粕罢了。结果齐桓公无言以对。

事实上，艺术的东西不是语言可以说清楚的，所谓“道可道，非常道”就是这个道理，巧夺天工的木匠，哪怕再想把一身技艺传授于子孙，也不是那么容易做到的。

商战诡道

对于分散竞争对手力量，让对方虚，在第四篇中，我们在分析如何让对方虚的过程中，已经归纳了《孙子兵法》里面的一些战术和方法，而且举了一些战争中的案例。在这里，我通过表6再来回顾一下。

表6　《孙子兵法》在商战中的应用

战术/方法		古案例	商战应用
捕捉空隙	时间上的盲点（意怠时、内乱时、元气未复时、谋未定时、争斗时）	曹公征张鲁 趁火打劫、隔岸观火、浑水摸鱼	苏宁趁国美出事大肆扩张
	空间上的盲点	农村包围城市	空白市场（地域、未满足的新需求）/先不谈销售，谈其他，顾客在其他方面没有防备/先销售容易销售的产品，再销售难销售的产品
	能力上的盲点	在水上以水军攻击陆军	谈判：攻击对方弱项，讨价还价/针对竞争对手产品的缺陷进攻

续　表

战术/方法		古案例	商战应用
制造空隙	能而示之不能，用而示之不用	孙膑减灶灭庞涓	大肚女贼行盗不被警惕
	近而示之远，远而示之近	假道伐虢、暗度陈仓	新药上市却遭假货冲击，台湾制药公司借道巧打假
	利而诱之	调虎离山、上屋抽梯	系山英太郎上屋抽梯胜地主
	亲而离之/伐交	田单离间乐毅与燕王的关系	豫北美妆联盟瓦解的案例
	攻心伐谋	耿弇讨张步、釜底抽薪	浙江丽水羽绒厂柜台前现场加工羽绒服
	攻其所必趋	围魏救赵、三国蜀之街亭，粮道	富士康劳资关系公关/攻击对方的利润区/痛处
	围师遗阙，穷寇勿追	欲擒故纵	格力与国美的决裂
	因粮于敌	蒙古西征	傍大款策略
	难知如阴	杨家将中的天门阵	日本人谈判，信息保密意识/产品混搭（不好比价）

现在我们完全可以根据这个表格中的内容自己去自由发挥，看看商战中是否可以借鉴。在兵战中，要营造我实彼虚的局势，不一定就非要采用什么手段去分散对方力量，我们也可以去捕捉对方防守薄弱的地方或警惕松懈的时候。

我们知道，2008 年，国美电器董事长黄光裕因事被拘，消息传出后不久，12 月 3 日，苏宁即对外界表示 2009 年将启动大规模的招聘活动，预计新增 3.6 万人，并声称次年至少新开 200

家门店。尽管苏宁高管称扩张是预定计划，并非针对国美出事的“趁乱挖脚”之举，但明眼人一看便知，此举恰恰就是苏宁在国美出事之时“以实击虚”的扩张策略，后来又因黄光裕与总裁陈晓内斗问题，被苏宁捡到了一个扩张的大便宜。这是时间上的防守薄弱，所谓出其不意，攻其不备。

另外，在空间上向竞争对手防守薄弱的地方进攻的应用案例也是很多的。我们说，所谓突破口就是对方防守薄弱的地方，比如农村包围城市，本质上就是以农村地区防守薄弱的地方入手，尽管两大饮料业巨头可口可乐、百事可乐在城市的市场中都很成功，但在广阔的农村市场，最成功的还是我们中国人的可乐——非常可乐。当年，非常可乐要是也如同可口可乐一样，进入“两乐”防守力量雄厚的城市市场，与另外“两乐”短兵相接，失败那是一定的。另外，我们销售人员在做销售的过程中，也经常有这种情况，就是在谈业务的时候，先不谈销售而谈其他，或者先销售容易销售的产品，再销售难销售的产品，因为顾客在其他方面没有防备，或者防备少一些。一般的情况是，顾客一遇到推销的业务员，尤其是新面孔，第一反应就是抵触或加强心理防备，心想你又想忽悠我买东西了。此时去推销产品多半成功不了，所以应从别的地方入手，比如谈生活谈爱情谈客人感兴趣的东西入手，获得客人的好感，卸下顾客的防备，再来说产品的事就容易多了。毕竟一开始就叫人买很贵的东西，也是很难的，因为别人一开始不了解你，肯定要有所警惕，越贵的东西警惕心就越强，便宜的东西，防备心理要弱一些，因为即使上当了，也没关系。所以先销售容易销的产品，再慢慢销售难的，体验版、试用装都是这种策略，销售几千块或上万块一堂课的课程比较难，但是要销售1元或几十元的课程就容易得多。所以，很多培训机构都会采用这种方法，首先低价甚至免费让你体验课程的精华，打消你心理顾虑和防备，再吸引报名参加收费贵的课程。

在商业谈判当中，我们也会经常碰到利用捕捉对方能力上的弱点以讨价还价的例子。谈判也就是一场战斗，要说服别人，就必须击垮对方的说辞，如此而来，多谈对方强势的东西是没有用的，必须寻找对方的缺点，加以扩大。我们说打蛇打七寸，攻擂攻软肋，让他自己都认识到确实是如此，如此再来谈价格就好谈一些。仔细想想我们去买东西的时候是不是这样的，想要获得低价，都会去挑产品的毛病，然后去跟老板说如何如何。在求职的过程中也是经常遇到，在谈工资待遇的时候，面试官一般都会想方设法来击败你，用难题来考验你，挑你的缺点，如此做法的深意就是，你今天的表现都这个样子，你还有意思开口要高工资？企业在开发产品上市的时候也是一样，要擅长抓住竞争对手的弱点，往对手弱势的地方进攻就容易获胜。

其中最典型的案例就是联通CDMA（一种无线通讯技术）手机进攻中国移动的案例。在消费者印象中，移动卡就是信号好，通话质量好，大家都那么认为，不管事实上是不是如此，这样说来，岂不是意味着CDMA没有机会？但是，我们知道，信号好同时也意味着辐射大，对身体的伤害大，联通CDMA就抓住对手的这一弱点，大力宣传CDMA是绿色手机。

还有一个例子是江中集团。按照坊间的说法，当年江中集团针对是否要对江中健胃消食片这一产品进行大力推广以突破销售瓶颈时，也有类似的情形：第一就是健胃消食片这个市场空间是否足够大，第二是前面还有强大的竞争对手吗丁啉的竞争。江中集团经过详细的调查分析发现，大多数消费者都认为消化不良是个小毛病，只需要吃点山楂片类似的“小药”就可以了，而吗丁啉的品牌名、产品名（多潘立酮）、包装盒、白色药片等产品形态，都有非常明显的西药，甚至处方药特征，加之消费者第一次服用吗丁啉主要由医生处方开出，这些信息综合起来，给消费者一种强烈暗示——这是一个治疗较严重病症的药品，药效较强。按照消费者对于药品的一贯认知：药效越强，副作用也越大，在不得不吃时才服用，更不能经常吃，药效较强的吗丁啉并非首选。这恰恰就是吗丁啉的软肋，因此，江中集团毅然决定将江中健胃消食片定位于“日常助消化用药”，避开了与吗丁啉的直接竞争，向无人防御的市场进攻，取得了不错的成绩。

以上是捕捉现成的市场空隙的案例。在兵战中我们知道，我们可以通过一些诡道变化的方法，削弱或分散对方的防守力量，主动制造空隙，以达到制造我实彼虚的局势，在商战中的例子也有很多。

第一，能而示之不能，用而示之不用。曾有一企业老板，招聘的几个业务员中有几个都是久经沙场的业务老手，也有一个刚毕业的稚嫩大学生，按理说有经验的业务员应该业绩要好，但是结果却令人意外，这个显得稚嫩的大学生的销售业绩反而比其他人要好。老板百思不得其解，经过反复的调查研究才发现，原来就是因为这位毕业的大学生看起来很稚嫩、很单纯，很多客户反而更相信他，因为在客户眼里，这一单纯的大学生哪里有欺诈的能力呢，放心地买吧。

另外，曾经看过一个电视新闻，讲的是一个大肚女贼行盗的故事，当然这个“大肚婆”是假装的，她为什么要装成大肚婆的样子呢？其实她就是要通过装扮大肚婆行动不便这种“能而示之不能”的手段来打消店家的防范心理，成功行窃了几次，但最终还是被全神贯注的摄像头给“逮”住了。

看过电视剧《大染坊》的人应该知道，陈寿亭是个精明的生意人，对于开埠染厂，本来他是自己想要的，但在朋友（对手）面前却表现得不想要的样子，完全让人捉摸不透他的心思，让人放松警惕。但他暗中却在谋划，还没等对手反应过来，一眨眼的工夫，陈寿亭就成功收购了开埠染厂。

第二，近而示之远，远而示之近。这在三十六计中也可以叫“声东击西”。在商战中，尤其对于那些喜欢跟风的人，尤其有效。

有一天，村庄里来了一个陌生人。他告诉村民，他将以每只 10 美元的价格收购猴子。村庄附近的森林里有很多猴子出没，村民开始对它们大肆捕捉。收猴人收购了几千只猴子，当猴子的数量减少时，村民停止了捕捉。

这时，收猴人放出话来，每只猴子的收购价提高到 20 美元，这个价格是原来的两倍，村民又重新投入到捕猴的行动中。

不久，猴子的数量更少了，村民再次停止捕猴。于是收猴人把每只猴子的收购价提高到 25 美元，但这时森林里的猴子已经很少了，村民努力一天，也很难抓到一只猴子，大家渐渐都没了积极性。

后来，收猴人把收购价提高到50美元。不过，他说自己必须先回城里处理一些事情，收购猴子的事由他的助手代理。

收猴人回城后，助手指着已被老板收购到的几千只猴子对村民说："我们来做一笔交易，我以每只猴子35美元的价钱卖给你们，等老板从城里回来，你们再以每只50美元的价钱卖给他。"

村民拿出所有积蓄买下了所有猴子，但此后，他们再也没见过收猴人和他的助手，森林里又到处都是猴子的身影……

这则故事用来形容股市是如何被人操纵的，是"远而示之近"的应用案例。陌生人"近"处表现得不与人争利，让人放松警惕，"远"处却得了个大便宜。虽然是则故事，但事实上，金融领域的那些金融大亨也确实是如此，都是事先布好局，过一段时间就开展所谓的信息披露或者制造概念，设置一个漂亮的陷阱让人去跳，达到操控股价的起落，并从中获取暴利的目的。

第三，利而诱之。利而诱之在商业中的应用案例就更多了，虽然顾客是上帝，为顾客创造价值天经地义，但商家与顾客之间毕竟是不同的个体，不同的个体之间必定要存在利益博弈关系，即也存在竞争关系，顾客在接受商家营销行动的过程中，都或多或少有一种防备心理，怕上当。因此，在销售过程中，如何打消顾客的防备心理，让人接受你的产品并最终成交就变得非常重要。

从小的方面讲，商家为了成交，经常策划促销活动，又是打折又是抽奖，没有别的意图，都只不过是想以小利诱导，最后实现成交，甚至源源不断地成交罢了。从大的方面讲，在注意力经济时代，商业其实也就是如何制造人气并把人气转化为财气的过程，而人有好利贪小便宜的一面，因此让利、给予人某种诱惑，就是吸引人气的重要方法。无论是提供某种便利，还是低价，也不管是色情，还是免费，总之，通过供应某种被人狂热追逐的东西吸引人气，然后再想办法在人气上做文章，挖掘财气。腾讯 QQ、360 的免费模式是如此，充话费送手机的模式也是如此，低价租赁甚至免费提供打印机，然后售卖高价的专用墨盒赚钱的模式也是如此，商家的目的无非就是一个，就是想降低门槛，先“引狼入室”，然后再来一个“瓮中捉鳖”，也就是利而诱之，乱而取之。

第四，亲而离之。“离间计”在商战中案例不是很多。我们知道，在商战中为了充实我方力量，我们可以整合外部资源，联合一切可以联合的力量，化为我用。现在换一下思路：假设竞争对手有外部支援，为了营造有利形势，我们就可以去破坏他的邦交关系。

曾经看过一则报道，标题叫《那些消逝的联盟》，说的是豫北地区一些化妆品经销商为了抗衡强大的品牌商，成立了豫北美妆联盟，但最后这一组织却被品牌商轻而易举地摧毁了。品牌商是如何做到的呢？假设我们是品牌商，该如何去打破别人的联盟？事实上，“没有永远的朋友，只有永远的利益”，打破敌方与人合作的基础（利益），合作自然解散，就是给其中的某一成员更多的实惠，让其放弃坚定联盟的信心，一旦其他成员知道其背后有不干净的利益，联盟自然就分崩瓦解。这一策略用新闻采访当事人的原话来说就是：“联盟就好似一串珠子，品牌商要想击垮一个联盟是轻而易举的事情，只需降低任务量或者折扣，让其中一颗珠子脱落即可，那么，整个联盟将不堪一击。”当然，这一策略可以说是“伐交”。

第五，攻心伐谋。攻心也就是打心理战，从心理上摧垮对方。一般来说，心理上强势的一方，一定有所恃，有恃才能无恐，因此，要从心理上打败对方，就得先摧毁对方的凭恃。过去的警察在审查罪犯的时候就是如此，通过各种手段如用白炽灯照人眼睛不让人睡觉，摧毁犯人的意志，最后不得不招供。现在的运动员在比赛过程中也是如此，为什么都很在乎开场，因为开场得胜，在心理上就有所凭恃，而开场失利则相反，会有心理上的压力。

第六，攻其所必趋。我们在第四篇提升篇中提过，就是攻击对方的要害，对方为了自保而不得不撤离或减少进攻力量，对方一撤离，我实彼虚就形成，这在商战中的案例也很多。也许很多人都记得，在2006年发生的富士康与《第一财经日报》的纠纷事件，其前因是富士康因《第一财经日报》报道其存在工人超时加班等员工权益问题，起诉该报记者王佑和编委翁宝“侵犯名誉权”，索赔3000万元，并向深圳中院申请冻结两记者财产。信息一经披露，舆论哗然，立即引起社会各界、众多媒体、无数网民的广泛关注，很多人士都为记者打抱不平。眼看富士康都要被这个强大的口水势力淹没了，富士康很快做出回应，将3000万名誉损失赔偿降为象征性的1元。富士康利用制造这种吸引眼球的事件来转移公众的注意力，使了一个漂亮的“围魏救赵”之计，缓解了一时的庞大舆论压力。

第七，围师遗阙，穷寇勿追。俗话说，狗急了也要跳墙，何况是人？把对手逼急了，激发别人斗志，反而有利于壮大对方的声威。

在商战领域里，当年格力与国美闹翻就是典型案例。2004 年 2 月 21 日，成都国美电器“空调大战”一登场，将格力一款原本零售价为 1680 元的 1P 挂机降为 1000 元，原本零售价为 3650 元的 2P 柜机降为 2650 元。格力对被动卷入价格战相当恼火，认为国美电器是在未经自己同意的情况下，擅自降低了格力空调的价格，要求其“立即终止低价销售行为”。同时，格力要求四川国美道歉。国美给予了道歉后要求四川格力撤货，于是格力开始将产品全线撤出成都国美 6 大卖场。格力、国美争端由此引发：3 月 12 日，格力空调发言人黄芳华态度强硬，他说不排除格力空调从国美全国零售店全线撤柜的可能性：“不管是在哪个城市，假如我们和当地国美在销售策略上达不成共识，格力空调也会从那里的国美卖场撤走。”“国美一天不接受格力的价格原则，格力就坚决不在国美卖场设柜。”格力的强硬态度自始至终没有变化，这件事表面上是低价行为所致，实际上，格力与国美是品牌商与零售商利益博弈的集中体现，是长期以来矛盾的总爆发。熟悉家电行业都应该知道，家电连锁零售商的商业模式是通过控制规模化的终端来挤压上游供应商的利润，什么进场费、店庆费、促销费、广告费等，不一而足，把供应商利润压榨没了，对手自然就跟你决裂了。

第八，因粮于敌。“没有枪没有炮，敌人给我们造”，这是抗日战争初期《游击队之歌》中的歌词。能假借敌人的资源为我所用，那是高明中的高明，智慧中的智慧。在兵战中，因粮于敌，多半是抢，当然它的更深一层含义是出师之后，部队最好能自给自足，自力更生，实现以战养战，这就能以一当十，以十当百，但粮食兵器从哪里来？当然从对手那里来。在商战中，虽然不能明抢别人的东西，但是假借对手的资源不断壮大自己是同样可以办到的。尤其对于那些资源有限的中小企业，在品牌营销中所谓的傍大款策略，站在富人旁边，跟有钱人平起平坐，多半也被人看成有钱人。七喜非可乐，那是傍可乐，李光斗说自己要与科特勒对话营销，他敢说这不是傍大款策略？大企业打广告，做行业教育，小企业坐收渔利，是“因粮于敌”，企业对外宣称说某某高级领导考察过，某某国际品牌都是自己的忠实客户，也是“因粮于敌”，自己没投入，对手的投入的果实却被你割走了一块，这同样是制造空隙，营造我实彼虚的重要方法。

第九，难知如阴。遇事不开口，神仙难下手，保持隐秘性本身就可以分散对方的进攻力量，因为隐秘，对手进攻不知道应该进攻什么地方，也不知道防守什么地方。这方面日本人做得很好，在谈判过程中，往往跟你谈的那个人不是主角，而在旁边默默地观察你，捕捉你的漏洞的才是主角。同样的道理，真正伟大的企业，别人都无法知道你是怎么成功的？因为不知道，因此进攻者永远都找不到进攻的方向，而一旦发现你是如何成功的，无论是以服务取胜，还是科技取胜，也无论你是以文化取胜，还是以创新取胜，只要别人弄清楚了你领先的逻辑，就有被人攻克的一天。最难的营销，是满足顾客说不清楚的需求，可口可乐、星巴克之流到底满足了顾客什么需求，说不清楚，说不清楚就是最好的壁垒。我们说，拘于金则为火克，拘于火则为水克，拘于水则为土克，没有攻克不了的堡垒，没有跨越不了的大山。大象无形，大音希声，无味方能变五味，无色方能成五色，五味都比不过无味，五色都比不过无色，四不像的行业或企业很难做大，但也很难被攻破。

喜欢一个品牌或某个产品也一样，说不清道不明的喜欢才是真正的喜欢。从这个意义上说，可口可乐比苹果要伟大得多，在没有任何高科技含量，仅仅卖碳酸糖水就能不明不白地卖到那个规模，把简单的事情做成不简单，其实更不简单。

后记　苟非其人，道不虚行

从一开始接触《孙子兵法》那天起，到现在也确实有些年头了，当初也只是因自己略有心得，憋了一肚子的话想吐之而后快，在天涯论坛的国学论道栏目中，以“谋略最高是道德”为名发表专题，抛出了我对《孙子兵法》的一些观点。起初只是想试探一下网友的反应，看看到底自己的想法经不经得起考验，其实压根儿就没有要整理成书的意思，一来是自知学识有限，阅历也浅薄，秀才来论兵，不免让人有闭门造车、纸上谈兵之嫌，二来自己也没有好的文采，写不出像样的文字，担心打动不了自己，又如何去打动别人；再说，其实若真要深入了解《孙子兵法》的话，我总觉得，书读百遍，其义自现，琢磨多了，无论是谁，我相信都终会有所收获的，不必别人再来说教。况且若真要所得，非自己去领悟不可，别人也是无法代替的，别人说得再多，毕竟仍是别人咀嚼过的“剩饭”。

但帖子发出去之后，没有预料到的是，帖子还颇受欢迎，并且还有挺多的读者对我的观点非常认同，遗憾的是写完我想要表达的一些东西之后，我就停止了，因为我总觉得自己的观点表达得很清楚了，按照那个逻辑来读，没有弄不明白的地方。但是有些网友却误认为我有所保留，不愿意说清楚；而有些网友则强烈要求我应该写下去，不应该半途而废，只做一个“标题党”，这是我做得不足的地方。然而令人感动的是，有些眼睛不好的网友更是说要打印出来仔细研究，有的则要求发送完整的电子版，有的则要求整理成书。我都没有给予过多地回应，没有过多回应的原因之一是苦于世俗生活的奔波，无暇顾及太多，我手里也确实没有整理好的电子版书；二是我也真是有意不让帖子太过惹人注目，因为论坛的规则是，一有留言是会置顶的，一置顶就会有更多的人看见，看见了就会有更多人过来询问，不回应又不好。后来，正是在网友的鼓励和鞭策下，以及内心那么一点对网友的歉意，我才暗自下定决心，要把发表的东西整理出来公布于众，不管花多少时间，也不管到底什么时候出来。也许是自己孤陋寡闻，市场上确实也还并未发现能真正从整体上有逻辑、有体系地去解读《孙子兵法》的令人满意的著作，大多数《孙子兵法》书籍都仅仅是以注译并附以案例说明的形式行文，对《孙子兵法》本身的思想体系却缺乏深入说明，把本书写出来正好可填补这一空白。

我们知道，从商业或营销的角度讲，图书本质上其实也是个产品，而写作也就是生产产品的过程。既然是产品，那么整理书稿的过程中，就不得不去思考：作为产品，这本书的客户是谁？又能给客户带来什么不一样的价值？

首先，我认为，最适合读此书的对象是有一定《孙子兵法》基础，但还未有深入认识，需要有一个质的提升的读者。本书的核心价值就是梳理《孙子兵法》的思想体系，揭露《孙子兵法》的核心要旨，透过现象看本质，帮助读者对《孙子兵法》有一个全面的系统的认识，让人做到知其然且知其所以然。

因此，为了梳理《孙子兵法》的制胜逻辑，我一开始尽量采用通俗的方法，打破《孙子兵法》原有的篇章结构，直接从简单的故事入手，用简单的故事来说明竞争制胜的逻辑，让读者对《孙子兵法》有一个总体上的认识基础后再来深化细节。这样做，在以往谈兵法的图书中是很少见的，我觉得，这也许就是本书存在的意义。

其次，说适合这类人读，未必就说其他人不可读。如果对《孙子兵法》一点都不了解，读起来确实会有点难度，但相对来讲，本书的前面章节都是些很通俗的生活故事，未必与深奥的文言文相关，比起其他一开始就谈训诂、讲原著的书籍自然也要通俗简单得多；而对于一些熟读《孙子兵法》的大家，也许会觉得本书通俗无味，不过没关系，本书真的也不算严谨的学术著作，最多只能算是兵法爱好者的神聊，你也许会觉得只需要花一两个小时就浏览完了，或者干脆就只看目录、看序言，也许就知道大概，但即使这样，我想也不失为您理解《孙子兵法》增添一个新的角度。人非圣贤，有些观点难免会有些偏颇，在这里还请大方之家批评指正！

最后，我想说的是，有的朋友经常过来问我（其实是挑衅），你那么懂《孙子兵法》，那该如何解决钓鱼岛问题，如何解决菲律宾问题？甚至拿赵括的笑话来质疑研究阅读《孙子兵法》的价值，冷语嘲笑读《孙子兵法》有什么用。其实，正如计划赶不上变化，但我们仍不能轻视做计划的价值，老子说“道可道，非常道”，《孙子兵法》也不是放之四海而皆准的道，任何可以言说的东西，都不是绝对的真理，《孙子兵法》也是一样。《孙子兵法》的言语并不能完全表达孙武想表达的意思，木匠是无法把自己的绝活以语言的形式表达出来传教后代的，何况，就是文本的意思，我们也未必就能理解透了，同样的东西在不同的人手里，效果也是不一样的。就犹如很多优秀的管理制度、管理方法一样，在一家企业很完善的制度，放到另外一家企业就不一定行，原因不是流程制度有问题，而是人有问题。所谓“苟非其人，道不虚行”“其人存，则政举，其人亡，则政息”，《孙子兵法》的文本是公平的为天下人呈现着的，但具体理解到什么程度，具体应用得如何，只能看个人的造化了！

作者

2015 年 1 月